沖縄 平和への道標

友利 廣 編著

芦書房

はしがき

「沖縄　平和への道標」と銘打った本書は、沖縄キリスト教学院の創立六〇周年記念事業の一環として開設された連続寄附講座「沖縄の平和への道標とアジア共同体」の講義録を編集したものです。

アジア共同体構想を論じるにあたって、本書は沖縄戦が突き付けた不条理と今に至る沖縄の過重な基地負担からの解放を常に心に刻み、キリスト教精神を枢要なものとして沖縄を「国際的平和の島」へと導くことを考えています。

戦後沖縄の苦難の歴史は、日本政府の意志としてアメリカ政府と合意した、いわゆる、沖縄を本土から切り離して駐留米軍の統治下に置くとした、分離統治に原因を求めることができます。分離統治が沖縄にもたらした影響は、本土側と沖縄側では明らかに異なります。本土側は沖縄に駐留する米軍の傘の下にあって、軍事費を最小限に抑えることにより経済復興予算を確保し、高度経済成長への道筋を整えて経済大国への道を直走《ひた》ることになりました。

他方、日本の安全保障体制に必要とされる機能の多くを背負わされた沖縄は、軍事優先の米軍統治政策によって茨の道を強いられることになりました。一九五三年の「土地収用令」公布はその代表例です。この布令によって当時の沖縄の経済基盤をなしていた主要農地は軒並み強制収用の対象となりました。軍事基地に転用され生産手段を奪われた沖縄経済は、持続可能な経済発展条件を失い弱体化に拍車がかかることになるのです。

ところで、地政学的な見地から沖縄を軍事的要衝性にリンクさせる議論が散見されますが、革新的な軍事技術が次々登場する状況に照らせば、世論操作を目的とした恣意的な見解といっても過言ではありません。軍事的要衝性を備えているというより、むしろわが国の国民感情として、軍事基地そのものに対してＮＩＭＢＹ（Not In My Back Yard）といった態度で臨み、沖縄の犠牲に目をつぶり〝安心〟という恩恵のみを享受したいとする、この国の国民の意志が強く影響しているといえます。

沖縄に限らずとも、冷徹さが求められる国の安全保障体制の問題に軍事的議論と利己的な国民感情をない混ぜにしてしまうことになれば、この国の安全保障そのものは著しく不安定なものになることは明らかです。かつて福田ドクトリンがアジア諸国で高く評価されていたことを思えば、沖縄が歴史を重ねて育んできた地域としての可能性を最大限発揮できる役割こそ、国の安定と発展に寄与できるはずです。

沖縄はわが国の南の玄関口として位置づけられています。琉球王朝期から長年にわたり育んできた平和を尊ぶ万国津梁の精神を最大限発揮して、アジア太平洋諸国との善隣友好関係を築き上げる橋渡し役を担うことができるなら、世界中が憧憬の念と親近感をよせるような国になれるのではないか、と考えるしだいです。そうした取り組みの中にこそ、豊かで寛容の心に充たされたアジア共同体創生につながるのではないかと思っています。

沖縄が対外的な危機に直面した際のわが国の安全弁として、あるいは防波堤の役割を担わされ、今現在もわが国の駐留米軍の七割強の配置を強いられている事実を考えるとき、沖縄が希求して止まない平和の実現にあたっては、アジア共同体という遠大な構想にこそ、その重要な突破口が見いだせるのではないでしょうか。

どのような遠大な構想も、その一歩は教育から始まります。この連続寄附講座を開設するに際して掲げたのは、つぎの問いでした。

紛争や差別のない共通の価値観の下で平和共存を標榜するアジア共同体創生に向けて、沖縄として何ができるか――。

アジア共同体創生と本学院が掲げる建学の精神「国際的平和の島」の接点に、万国津梁の精神をいかに注入するか――。

こうした問いに取り組むため、専門領域の異なる一四名の講師陣が本学院に招かれ、オムニバス形式の講義を通して学生や社会人とともに議論を行い、理解を深める学びが行われたこと、そしてその成果を書籍として世に問うことができることを心から喜んでおります。私たちが、以上の問いにどれだけ答えることができたのか——ご判断は、この本を手にとられる一人ひとりの読者のみなさんに委ねられています。編者としては、アジアの、ひいては世界の平和へのヒントを少しでも多くみなさんに受け取っていただくことを願うのみです。

末筆となりますが、本講座の開講にあたってご支援いただいたワンアジア財団、並びに講義を担当していただいた各講師の皆様、運営全般を取りまとめていただいた浜川仁氏に対し深甚の謝意を表するしだいです。

友利　廣

追記——本学院の発展と平和教育に尽くされた大城実先生が本書の刊行をみることなく神の御許に召されましたことをここに記し、追悼の意を表します。

もくじ

第1章　六〇〇年の恩返し

——国際協力を通した沖縄とアジアの平和構築——

新垣　誠

琉球國者南海勝地而　鍾三韓之秀以大明為　輔車以日域為脣歯在　此二中間湧出之蓬莱嶋也以舟楫為万國之　津梁異産至宝充満十方刹

（琉球国は南海の勝地にして三韓の秀を鍾め、大明を以て輔車となし日域を以て脣歯となす。此の二者の中間に在りて湧出する所の蓬莱島なり舟楫を以て万国の津梁となし異産至宝は十方刹に充満せり。）

「万国津梁の銘文」より

1　「万国津梁」の精神と沖縄

かつて琉球王国は中国、韓国、日本と密接な関係にありながら、アジア地域の橋渡しとなる平和で豊かな島国でした。このイメージが歴史的フィクションに近く、たとえ誇張されているとしても、この言説が現在、沖縄のアイデンティティの核をなしていることは否定できません。この万国津梁の銘文は、知事公室を屏風で飾り、「沖縄21世紀ビジョン」が掲げる「世界に開かれた交流と共生の島」の歴史的裏付けとして、沖縄県の国際社会における自らのポジションを定義するものとなっています。

六〇〇年前、泡盛や陶器、織物などさまざまな文化が、アジアから琉球へもたらされました。この歴史的記憶もまた、文化的多様性を表現する「チャンプルー文化」という言説の一部を成し、沖縄の特異性の根拠となってきました。

一九八〇年代、日本本土では「オキナワン・エスニック」という言葉が流行しましたが、これはそもそも近代国家日本のなかで常に異質のものとして扱われてきた沖縄が、音楽を中心としたポップ・カルチャーの範疇で、文化的他者として再文脈化されたにすぎません。むしろ興味深いのは、沖縄が日本から切り離され、「アジアン」な文化的他者として眼差しを向けられたことです。「沖縄って日本じゃなくてアジアだよね」といった日本人の語りのなかに、沖縄自身もまた「アジアン」な自己を再発見しました。国際化推進という政治的潮流や、沖縄観光の文化的資源開発といった過程のなかで、沖縄の自己定義が大きく揺らいだ時代でもありました。

日本政府もまた、沖縄振興計画で沖縄の地域特性を「かつて琉球王国として、中国、東南アジア諸国等との交易・交流を通じて形成された琉球文化に、戦後米国からの影響等も加わり、国際色豊かな文化、生活様式を育んできた」とし、「沖縄の歴史及び文化的特性は、我が国のなかでも独特のもの」と表現しています。一九八〇年代、台頭する東南アジア経済への国家戦略的介入口として、沖縄は、日本の国際交流の「南の拠点」として位置付けられました。いわゆるアジアとの文化的緩衝地帯としての沖縄は、日本本土より外国人が住みやすく、文化にも馴染みやすい地域として「沖縄国際センター（ＪＩＣＡ沖縄）」設立時には、その地理的・文化的有利性が期待されたのです。

近年、国際協力に軍事的貢献が検討されるなど、戦後「平和主義国家日本」の基礎であった憲法九条や専守防衛の前提が崩れつつあります。無論、国際協力は国益優先であり、外交戦略の一環でもあるわけですが、沖縄にはその歴史的・社会的特異性に裏付けられた独自の国際協力が存在します。その一例が、コープ沖縄の石原修氏がプロジェクト・マネージャーを務める草の根国際協力です。

2　コープおきなわのラオス支援事業

ＪＩＣＡ草の根技術協力「ラオラオ酒協同組合結成によるアタプー県共同体機能強化支援事

業」は、二〇一七年四月から始まりました。アタプー県サイセッタ郡サーイ村というベトナムとの国境近くの小さなラオスの村がその舞台です。サーイ村が位置する南部ラオスは、インドシナ戦争でホーチミンルート上にあり、米軍の大規模な爆撃が原因で、住民の生活がことごとく破壊された地域でもあります。プロジェクト開始前の準備段階において、村民を交えたワークショップでは、インドシナ戦争と沖縄戦での体験談がお互いの共感を呼び、関係強化に繋がりました。

石原修氏がサーイ村を訪れたのは二〇一五年のことでした。石原氏は「コープおきなわ」の職員でありながら、全国各地の活性化に取り組んできました。内閣府からは地域活性化伝道師、全国商工会の地域おこし専門家としても認定されています。地域住民に寄り添い、人材育成を通して疲弊した地域を蘇らせてきた石原氏が、サーイ村で見たものは戦後沖縄の姿だったといいます。

焚火とドラム缶で蒸留した酒をポリ容器に入れ、道路沿いで売る女性たち……。サーイ村における蒸留酒の製造は、主に女性たちの仕事です。河川の氾濫による水害対策費や子どもの教育費、家族の医療費などの出費に備えて現金収入を得るための手段なのですが、利益は極めて僅かです。マーケティングやブランディングのための初期費用もないため、細々と家庭単位で作っては売るだけです。大抵、国境を渡ってきたベトナム商人に安く買いたたかれることになります。視察に訪れた石原氏に対して女性たちは「瓶に入れて売りたい」と切実な思いを告げたといいます。

この思いを真正面から受け止めた石原氏には理由がありました。一つは、サーイ村の様子が戦後必死で立ち直ろうとする沖縄の姿と重なり、言葉では表現できない懐かしさを感じたからです。そこには故郷沖縄への愛と、戦争という歴史的体験を共有するラオスへの共感がありました。また共通の戦争被害だけではなく、ベトナム戦争当時、沖縄の嘉手納米空軍基地から飛び立ったＢ29爆撃機がラオス人の頭上に爆弾を落とし、国土を焼け野原にした加害側に立ったという感情もありました。もう一つの理由は、戦後経済復興の一端を担った沖縄の泡盛の源流がこの地域にある、という沖縄と東南アジアの歴史的関係です。戦後、伝統文化としての泡盛がウチナーンチュの傷を癒し、明日を夢見る助けとなっただけでなく、観光資源として沖縄経済に貢献してきたことへの感謝の念が、六〇〇年の月日を超えて石原氏をラオスへと向き合わせたのでした。

本講義では、石原氏をゲストとして招き、彼が「六〇〇年の恩返し」と呼ぶラオス支援プロジェクトについて対談をおこないます。

3　「沖縄発」国際協力の可能性

新垣　さまざまな国際協力の形があるなかで、各国の国益のためでもなく、国際機関にしばしば見られる、いわゆる戦勝国が自分たちの既得権益を守るという理由でもなく、そして企業や個人のイメージアップでもなく、このどれにも当てはまらない形としての国際協力の可能性を探ってみたいと思います。

きょうはＪＩＣＡ草の根技術協力「ラオラオ酒協同組合結成によるアタプー県共同体機能強化支援事業」のプロジェクトリーダーである石原修さんに来ていただいています。

石原さんよろしくお願いします。

石原　早いもので、最初は、ＪＩＣＡさんのグローバル人材育成事業というのがありまして、沖縄県の企業さんと一緒に行ったんですね。そのときに、ベトナムとラオスを回って、ラオスって本当に何も発展していないところでね、何かできることあるんじゃないかなと思ったのがきっかけでした。

もう五年になるんですね。

新垣　その後、結構大変でしたね。

どうやってプロジェクトを立ち上げるかとか、資金はどうするかとかいうことで結構悩みましたよね。

石原　いや、悩んだというか、僕自身がそれまで国際協力をしたことがなかったものですから、どうやっていいかわからないということで、多少時間がかかったというか――。

自分が力を持っていないわけですから、とにかく力を持っている人たちを巻き込みたいなと思って、まずは新垣先生にお声かけをさせていただいて、あと一人は那覇の久米仙の平良会長にお願いに行ったんですね。そしたら、最初断られましてね。二回目も断られました。三回目も断られて、四回目にやっとオッケーもらったんです。

沖縄の泡盛って昔飲まれなかったんですけど、これが飲まれるようになったのは、もう年配の方はご存じだと思いますけれども、グリーンボトルっていうお酒がありますよね。あれが世に出て、泡盛が飲まれるようになったわけですよ。その経験を平良会長はしているわけです。その経験ってすごい、何か意味を持っているんじゃないかなということと、もう一つは、彼がモンゴルでお酒づくりをしたことがあるんですね。その二つの経験っていうのは、絶対このプロジェクトに必要だなということで、新垣先生と平良会長と僕の三人で何とか始めたいなと思って、やったプロジェクトです。

新垣　石原さんは、国際協力やったことがないとはいっても、日本全国ですごい業績を上げている方で、いろんなところから引っ張りだこですよね。

そうはいってもいま国際協力っていうのはまたちょっと違うから、もしかしたら諦めるかなと思ったら、絶対諦めないいんですよね（笑）。最後の最後まで諦めなくて。やっぱりそこでその国際であるとかっていうのはあまり関係ないんですかね。根っこの部分は一緒って石原さんもおっしゃっていたじゃないですか。

石原　というか、そのやり方しか知らないですからね。そのやり方を忠実にやっていくっていう感じですね。

新垣　初めにサーイ村に行ったじゃないですか。村人にお寺に来てもらってプレゼンしましたよね。そしたら、すごいたくさんの、特に女性がいっぱい来てくれて――。びっくりしたのは、いろんなプレゼンを紙芝居形式でやったんですけど、一番というか反応があったのが沖縄戦の話でしたよね。

石原　そうですね。

沖縄戦の写真を持っていったんですね。ラオスも同じように被害を受けているわけですよ。

そこから沖縄が立ち直ったということで、現在の写真も見せたら、彼女たちはやっぱりびっくりしていたんですね。沖縄ってすごいねって、こんな復興してるんだねっていう話はやっぱりありましたね。

新垣　その後、また女性三人に沖縄に来ていただいたじゃないですか。その際、沖縄の米軍基地を見て、そこで何か思いを語っていたんですよね。

石原　僕、実はラオスから人が来るときには、必ず嘉手納基地を連れていくんです。嘉手納基地を見てもらって、必ずラオスと沖縄の関係を話すんですよ。ベトナム戦争当時、ラオスには三〇〇万人が住んでいたって言われるんですけど、三〇〇万トンの爆弾を落とされているんですね。それが、かなり沖縄と関係があるわけですよ。いい関係ではないですけど、そのことってすごい発展を阻害するわけです。不発弾があるっていうことは農業するのも大変ですしね、何やるにしても大変なわけですよ。そのなかでね、やっぱりこの人たちにちゃんと知ってもらって、そこからのスタートを切りたいなと思ってやっています。

正直に話をすると、彼女たちのようなラオスの人たちは、この基地が早く皆さんのもとに返ってきてほしいですねって、私たちはそれを望みますっていう話を必ずしてくれるんですね。戦争の恨みつらみではなくて、これからどうすべきかみたいなことを必ず話をしてくれますね。

新垣　石原さん、ラオスを訪れて、四歳、五歳ぐらいのときに見た懐かしい沖縄の風景というか、理屈なしに何かすごく懐かしく思ったっていうことをおっしゃっていましたけど、どうですか、いま振り返って。

石原　実は、よく、何でラオスなのとか、何でこういうことをやってるのってよく聞かれるんですけど、僕にもあまり答えがないような感じがして、ただ一回目行ったときに、本当に何か胸がキュンとなったんですよ。だから、キュンとなったから、じゃあやろうと思っただけなんですよね。あのときに自分のなかである程度、覚悟が決まったのかもしれないですね。これはやりたい、と。そこでいろんな人たちから話を聞いたり、どこからお金を引っ張り出せるかとか、どういうふうに組み立てたらいいかっていうのを一生懸命考えてやってきたっていう感じですね。

新垣　個人的に、いまだにまだよくわからないのが、この胸がキュンとしたっていう何か中学生の女の子のようなところから、国際協力の経験もないのに、人を集め、もう毎日走り回って、頭を使ってすべてのエネルギーを絞り出して、あそこまでやっていく――その覚悟っていうのが何で決まったのかなっていうことなのですが――。

石原　村へ最初行ったとき、ラベルを張って売りたい、瓶に入れて売りたい、けど私たちはどうやっていいかわからないっていうのが、サーイ村の女性たちからの最初の相談だったんですね。だから、それは何とかしてあげたいなっていうことは思ったのは一つなんですけど、あとは自分でもよくわからないです、何でやってるかも。いまだにね、サーイ村っていうところ遠いんですよ。例えば沖縄から行くと、きょう出てきょうには絶対着かないんですね。うまくいってあしたの夕方ぐらいしか着かないです。乗り継ぎも悪いからですね。だから、よくここまで通うよねって周りに言われるんですけど、別に苦にはならないし。ＪＩＣＡの方にもよく最初のころ、もっと近いところを選んだら楽なのにと言われました。遠ければ遠いほど、僻地であればあるほど、いろんな不便さがあるわけですよ。例えば通訳が手配できないとかですけど、何でかわからんけど苦にならないですね。

あそこの道端で村人たちと水牛を串焼きにして食べるんですけど、今ではそれが僕の一番の楽しみなんですよ。

新垣　今ではラオスの人たちに名前をつけられて、慕われていますね。

石原　僕、「ポーニャイ」っていう名前をいただいているんですよ。これは日本語に直訳するとどういう意味かっていったら、大きなお父さんという意味なんですよ。僕の体形をそのままあらわしているような言葉です。

新垣　見た目だけではないと思いますけどね。いつも大きなお父さん目線で、みんなを守っているというか、人々の生活のみならず、このプロジェクトの進行状況のことを気にかけてやってるわけですよね。あとはラオスの人々のあいだでは、今や、ここまでサーイ村に通うんだから、前世がラオス人だったんじゃないかっていううわさまで立ち始めてる感じですよね。今、振り返ってみて、どうですか、この五年間の自分が歩んできた道のりを考えたときに——。

石原　本当にやってよかったなって今、自分でも思ってるんですね。やって、すごい学びがあるなって。これ、何ていうのかな、やってあげてるんではなくて、それ以上のものが僕に返ってきているような気がします。

例えばジェンダー問題でも、言葉ではわかっていたんだけど、実際そこに行ってみて体験するのとまた全然違いますし、一つ一つにすごい学びがあるんですね。考えること、決めることっていうのをこう、村人と話しながらやっていくんですけど、あれを突き詰めていけば、やっぱりあの国特有なものがあるんです。

あそこは、実はいまだにまだ集会が禁止されているんですよ。いわゆる一党支配で、行政の上に国、党があるんですよ。いわゆる県があって、国があって、国の上に党があるわけですから、そういうふうなところではどういうふうになっていくかっていうと、指導者による教えっていうのが出てくるんです。だから、教える側や指導する側が生まれて、村人たちは指導される側になったわけですよ。

指導され続けた人間っていうのは、考えること、決めることっていうのはなかなかできないんですよね。ただ、そのことから始めないと、本当に自分たちで持続して地域社会をよくしていくっていうのはできないだろうということで、考えましょうねって、決めましょうねって、決めたらやってみましょうねって――。やったらいいか悪いかがわかるから、またそれを考えて、また決めてっていう、これを繰り返していこうっていうことからずっとやってきました。そしたら不思議なもので、そういうことを繰り返していくと、いつの間にか進んでいくんですよ。だから、自分たちでやっぱり工場を建てたりとかね。あれ日本人がやったんじゃないんですよ。みんな村人たちが自分たちで進んでいっているんです。

新垣　初め工場建てる計画なかったですものね。集積所っていうか、お酒を集める場所は考えてましたけど――。

石原　そうですね、集荷場にしようと思ったんですよ。

みんなが各家庭でつくっているのを集めて、そこから瓶に入れて、ラベルを張って売るっていうことをやろうかと思ったんですけど、これはラオスの女性たちから、貧しくてお家でつくれない人もいるということと、もう一つはやっぱりノウハウを広めるっていう意味でも工場っていう場が必要っていうか、発酵から蒸留まで必要なんだよっていう話があったんですよ。そこで方針変換をして、工場っていう位置づけから、まず工場をつくろうって。

工場をつくることによって、一つは学びの場をつくりたかったんですね。例えば品質管理であったりとか、マーケティングとか、あるいは工場経営もそうですよ。この間なんか、パソコンを教えて、決算書をつくる訓練をしてきたんですけど、こういう学びの場を一つつくりたかったんです。

あと二つ目には、今まですべて個人でやってきているんですよ、あの国――。当然、発展とともに個人が集団化していくわけですけど、あの国ではいまだに、まだ個人でやってたわけだから、協同っていうのを体験する場っていう、協同をすることによって何か価値を生み出すっていう場をつくりたかったんですよ。

あと、もう一つは、やっぱりこれ、稼がんといかんなって。稼ぐことによって、自分たちの未来を自分たちでつくるっていう、この三つを目的に、すぐ工場からつくったんですね。

新垣 自分がすごい共感したのは、やはり協同組合という考えがあることです。サーイ村はベトナム国境沿いだから、あの辺に泊まるとベトナム人がたくさん来てゴムのプランテーションやったりとか、すごい商売上手ですから色々開発するわけじゃないですか。

そうすると、必ずこの地方は疲弊していくだろうということで、いわゆる資本主義の理論ですべてがやはり今動きながら、あのラオスでさえもそのなかに飲み込まれようとしてるわけですよね。そのなかにあって、やっぱり協同組合という考えが重要になるわけです。

石原 当然ね、投資をすると回収をしないといけんわけですよ。そこで投資をしたら回収しやすい場所ってありますよね。例えば農業は別にして、工場であったり三次産業っていうことになると、例えば人が集まるところに三次産業が成り立ちやすいわけですよ。そうすると、中国とかいろんな外国が一生懸命、人の集まりやすいヴィエンチャンとかに投資を始めてるわけです。ホテルなんかでもですね。それを支えるために今度は、二次産業の工場とかが建ち始めているわけです。ヴィエンチャンがあって、それをドーナツで囲うような形で工場ができているので、農業を見ると、まさにサーイ村なんかは働く場所がないから、どんどん、どんどん若い人が流出をするっていう、まさに日本が歩んだ道を歩んでいるんですね。

そういうのを目の当たりにすると、じゃあお金持ちがああいう田舎に投資するかって考えると、よっぽどじゃない限り投資しないですよね。だって、もっと立地条件のいい場所はいくらでもあるわけですから。

そうすると、自分たちでお金を出し合うとか、自分たちで力を合わせて、自分たちで工場なりをつくるっていうことでしかこの地域は守れないんじゃないかなっていうことで、土地は村人が出してくれ、村から出してくれ、資材は日本側から出す、あと労働力は村が力を合わせて出してくれ、という仕組みだったんです。

あと、図面を当然書かんといかんわけです。これは行政が書いてくれ、という役割分担のなかでつくっていったわけです。

そうすると、お金は要らなくて、ああいう工場一つつくれるわけですよね。だから、普通だったら、例えば委託をすると五〇〇万ぐらいかかるのが、百何十万かでできるわけですよ。大体、資材なんて三分の一ぐらい、三分の一しかない、三割ぐらいですよ。あとは人件費とかは、もうけにあたるわけですから、そういうのを取っ払ったらちゃんと工場がつくれるっていうことと、あともう一つ、村人はお金がないわけですから、お金にかわるものとして労働力が出資であるという考え方にしたわけです。

新垣　石原さん、常日頃言っていますよね。人が変われば地域が変わる、人が育てば地域が変わるって。これだけ日本全国でいろいろ地域創生の仕事をやってきて、サーイ村で自分のプロジェクトをやってみて、どういうところが共通していると思いますか。

石原　僕は、例えば工場をつくったりとか、商品をつくったりとかっていうことをやるんですけど、あくまでもそれは道具だと思っているんですよ。その道具で何を目指しているかっていうと、その地域の人材育成であったりとか、その地域の誇りであったりとか、その地域の未来をつくるための工場であったり、お酒であったりっていう――そういうことをしてるんですね。

だから――きょうも午前中、中城の中学生と商品をつくってきたんですけど――商品つくるのが目的ではないんですよ。
その商品つくることの体験を通して、さっき言った三つ──誇りを持てたりとか、未来を描けたりとか、それを通して人が育つとか、必ずおもしろいことにつながります。最初のころはいろいろなところで商品をつくってきたんですけど、この商品はいい商品だけど売れんなとか、うまくいかんなとかって思うことがよくあったんです。いっぽうで、これは大したことないなと思うけど、かなり売れたりとか、漁協が再生したりとか、こんな事例がいくらでも起こってきたんですね。
でも最後は何かっていうと、やっぱり人なんですよね。もう人に尽きるなというのは、すごい感じています。

新垣　単なる国際協力でこのプロジェクトは終わっていないですよね。
この後、今度はさまざまな地域間の交流が始まりました。

石原　そうですね、沖縄の高校生がラオスに行って、去年はホームステイをして看板をつくったりしてますし、あと、例えばうちの組合員さんにお願いをして文具を寄附したりとか、そういうことが始まっています。
それから、これはこれからの動きなんですけど、本当は、ことしもホームステイをする予定だったんですよ、沖縄の高校生が──。それができなかったということがありました。

皆さんご存じですかね、ラオスで水害ありましたでしょう。あれで六つの村が全部流されたんです。あの県が、僕らがやっているプロジェクトの県なんですよ。ラオスは県があって郡があるんですけど、隣の五つの郡のうちの一つの郡が流されたんです。隣郡なんですね。

そういうわけで、実は高校生たちが行くべきだったところが行けなかったもんだから僕に相談がありました。ぜひ何かやりたいと、ラオスのためにということで、じゃあわかったと応じたんです。

自分たちで何ができるかっていうことを考えるんではなくて、何が必要なのかということを議論してみましょうっていうことで、高校生に議論してもらったら、居場所をつくってあげたいって言うんですよ。学校つくってあげたいって言うんです。だったら、わかりましたっていうことで、僕ちょうど一週間ぐらい前に帰ってきたんですけど、ラオスに行ってたんですね。

高校生たちの思いを受けて、ラオスの副知事とか、いわゆる被災に遭ったサナームサイの群知事と話をしてきました。沖縄から送るお金は全部プールして、ほかには一切使わない、学校建設のみに使うということで話がつきました。だから、これから沖縄の高校生が頑張って学校建設の募金活動をします。

新垣　サーイ村と沖縄との関係、地域連携とか、交流とか、その将来に石原さんが描くイメージはありますか。

石原　僕はあまり描き切れていないんですけど、ただ、ラオスの人たちから、何で、石原、ここまでこの村のためにやるんだって言われたときに、今は確かにラオスが日本に比べておくれているかもしれんけど、いつかもしかしたら皆さんのほうが上になるかもしれません。そのときには、ぜひ沖縄を助けてほしいっていう話をしたら、わかったって言うんです。まず、石原の孫から助けてほしいって言ったら、きっと、よしわかったって言ってくれますよ。それで十分なのかなと思って――。

新垣　この講義の一番初めに、いろんな形の国際協力を紹介させてもらいました。その背後には、やはり、さまざまな思惑が隠れているということです。

そういうところにちょっと辟易して、自分としては、何だろう、そういう裏の部分に目がいってしまって、あまり夢中になれないというか、熱くなれない部分がもちろんあるわけですね。そういうなかで、石原さんの、この胸キュンっていうこの一言――それのために、これだけの国際協力と地域交流のプロジェクトを立ち上げる石原さんには、やはりこちら側としても、一緒にいてやっぱり胸キュンするものがあるんですよね。

その背後にあるものは、やはり沖縄での経験であったりだとか、疲弊していく沖縄の地域、そして沖縄の戦争体験や、沖縄の文化、また一緒に酒を飲んで盛り上がるフィーリングとかなんですよね。これはＪＩＣＡの草の根国際協力のスキームとしては、かなり型破りな形のプロジェクトが展開されています。

でも、もしかしたらこれが沖縄発の、沖縄ができる一つの国際協力、もしくは地域連携の形じゃないのかなと思います。これがまた、大きくはアジアの発展や平和構築につながっていくんじゃないのかなというふうに自分としては感じています。

「国際協力」や「地域間交流」という既存の枠組みを超えたところに、このプロジェクトの本質があります。政府にしろ民間にしろ個人にしろ、掲げた理念とは違った思惑を孕みつつ遂行される国際協力プロジェクトは少なくありません。民間企業の国際競争力強化のために税金を投入する理由として政府が国際貢献の枠組みを利用したり、軍事同盟を国際協力と言い換えるなど、今や国際協力という言葉は手垢にまみれたものとなっているのです。また先進国の政府や非政府組織までもが発展途上国を「援助すべき他者」として位置付け、その位階序列の関係のもとに搾取を行うなど、帝国主義や植民地主義の延長にあるような国際協力の例も枚挙にいとまがありません。国連の人道的スローガンや方針までもが「国際協力ビジネス」の言い訳として利用されることもしばしばです。

戦争体験という痛みの共有や、万国津梁に支えられた歴史的恩返しという動機を支えるものは愛であり、欲望などではありません。沖縄発の国際協力プロジェクトがすべて欲望ではなく愛に裏付けされているというつもりはありませんが、沖縄特有の歴史的体験は、その共通性からアジア諸国と緩やかに繋がり、平等な位置に立つ機会をプロジェクトに与えるのかもしれません。

沖縄とアジアの隣国が平和的関係を構築していくうえで、万国津梁の理念はより一層、重要なものとなってくるでしょう。

第2章 「東アジア共同体」の展開と可能性

宮城大蔵

1 「東アジア」の出現

1 古くて新しい「東アジア」

「東アジア」や「東アジア共同体」をめぐっては二つの逆説があると思います。一つは東アジアという地域は昔から存在するようなイメージを持たれるが、それは本当か。そしてもう一つは、EU（欧州連合）を形成しているヨーロッパなどと異なり、東アジアでは互いの関係がよくない国も多く、地域的な協力は難しいという印象を持つことも多いのではないかと思いますが、それは本当かということです。

本日は一つ目の点、すなわち「東アジア」の古さと新しさについて取り上げます。「東アジア」というと、皆さんはどのような範囲を思い浮かべますか。中国、朝鮮半島など、日本と歴史的にも文化的にも深いつながりを持つ近隣の国々を思い出すかもしれません。日本は遣隋使や遣唐使を派遣するなど中国文明の吸収に多大な関心を持ち、朝鮮半島からは渡来人として日本に渡った人々も多くいました。

一方で明治以降は日清戦争や台湾、韓国の併合、そして日中戦争など、日本の対外膨張によって近隣アジア諸国は圧迫を受けることになり、そこから生じる歴史認識のズレがいまなお大きな課題となっていることはご承知のとおりです。

このように、近いがゆえに関係も深いが、問題も起きやすいというのが日本にとっての東アジアのイメージかもしれません。こうしてみれば、東アジアという地域の「古さ」は当然だと思われるでしょう。

ですが、東アジアを構成する日本や中国、朝鮮半島の相互の関係は、観点を変えてみれば、実はとても新しいものでもあるのです。日本が中国（中華人民共和国）と国交を結んだのは一九七二年で（これに伴って日本は台湾の中華民国とは国交を断絶しました）、その背景には電撃的な米中接近がありました。

冷戦下において同じ自由主義陣営に属していた日韓が国交を結んだのは一九六五年と、戦後二〇年も経った後のことでした。時間がかかった主な理由は、今日でいう歴史認識問題です。韓国は日本に対して植民地支配の償い（請求権）を求め、日本は植民地支配に賠償はできないという立場でした。冷戦下で日韓が対立したままではアジアにおける自由主義陣営の弱体化にもつながる――そう憂慮した米国の圧力もあって日韓はようやく折り合いをつけ、国交樹立に伴って日本は韓国に「準賠償」ともいうべき経済協力を行いました。

韓国とはこの請求権問題などがはるかに大きな問題で、尖閣や竹島については事実上、棚上げされた形で国交が結ばれたのです。さらに、日中間では日本と台湾との関係をどうするかが問題でした。

また、中国と韓国が国交を結んだのは一九九二年になってからです。それまで中国にとっては、朝鮮戦争の際に義勇軍を送って助けたこともある北朝鮮（朝鮮民主主義人民共和国）が「盟友」であり、北朝鮮と敵対する韓国と国交を結ぶなど考えられないことでした。それが米ソ冷戦の対立が緩み、ソ連が韓国と国交を結んだのにつづいて、中国も韓国との国交樹立に踏み切ったのです。これによって孤立感と危機感を深めた北朝鮮は日米への接近を図りますが、うまくいきません。北朝鮮は水面下で核開発を加速させることになります。

このように日本や中国、朝鮮半島などから成る東アジア各国は、歴史的、文化的なつながりは古くて深い一方で、近代的な外交という点では実に新しい関係なのです。この極端なコントラストが東アジアの特徴であり、また不安定さの要因でもあります。領土や歴史に関わる問題をうまく管理し、安定した関係を構築するという点では、東アジアはまだその途上にあるといえるのかもしれません。

2　大きく広がった「東アジア」

もう一つの観点から見ても、「東アジア」は新しいものだといえます。それは日中韓など従来の東アジアと、インドネシアやタイなど東南アジア諸国をあわせて、より大きな範囲を「東アジア」と見なす考え方です。これによると「北東アジア（従来の東アジア）」＋「東南アジア」＝「東アジア」となります。

私たちが現在、「東アジア共同体」という際の「東アジア」とはこちらの方で（「広義の東アジア」ともいう）、一九八〇年代ごろから一般的になった比較的新しい考え方です。

これが公に使われた最初の例はマレーシアのマハティール首相が一九八〇年代末に提唱した「東アジア経済協議体（ＥＡＥＣ）」構想だと言われています。マハティールは当時、ヨーロッパで地域統合が進み、北米でも北米自由貿易協定（ＮＡＦＴＡ）が発足するなど、欧米で地域統合の動きが盛んになっているのを見て、同様の試みをアジアでも推進しようと考え、ＡＳＥＡＮ諸国と日中韓をその構成メンバーとして想定しました。これが「広義の東アジア」にあたるわけです。

ところがこれを「米国外し」だとみた米国政府が強く反発します。米国は日本に対しても、

「太平洋に分断線を引く試みだ」として、このマハティールの構想に乗らないように強くクギをさします。一方でマハティールは日本のリーダーシップに期待を抱いていました。

板挟みになった日本政府は結局、オーストラリアやニュージーランドも参加するのであれば日本も参加を検討すると表明しましたが、それはマハティールがこの両国に難色を示すだろうということを想定したうえでのことでした。また、ＡＳＥＡＮ諸国のなかでも同構想をマハティールの独走だと見なす指導者もいて、ＥＡＥＣ構想は立ち消えとなりました。

ところがその後、これとほぼ同様のものが思わぬきっかけで実現することになります。一九九七年から発生したアジア通貨危機を背景に、ＡＳＥＡＮ＋３という枠組みが誕生することになったのです。その詳細はあとで述べますが、ここでは一九八〇年代末になって、なぜマハティールの構想のように北東アジアと東南アジアを一つの地域と見なす考え方が生まれてきたか、それを考えてみたいと思います。

ＡＳＥＡＮ＋３登場の背景となったのは、日中韓とＡＳＥＡＮ諸国の間で経済的な結びつきが深まっていたことです。今でこそ、それは当たり前に聞こえるかもしれません。しかし少し時代を遡って一九七〇年代初頭のこの地域は、どのような姿であったか、みなさんイメージできますか。日本こそ高度経済成長を謳歌していましたが、中国では全面戦争の危機をはらんだ中ソ対立と国内での文化大革命、そして東南アジアではベトナム戦争です。とても経済成長を語ることができる状況ではありませんでした。アジアは戦闘と混乱で特徴づけられていたといっていいでしょう。

それがどのようにして、経済成長で語られるような地域へと変貌したのでしょうか。いくつかの転機がありますが、一九七〇年代からＡＳＥＡＮ各国で開発体制と呼ばれる経済成長を重視する政治体制が広がったことや、七〇年代末になると中国も鄧小平の指導の下、従来のイデオロギー色の強い政治外交から「改革開放」へと大きく転換したことなどが挙げられます。

その後、一九八五年にプラザ合意（日米をはじめ先進七国が米国の貿易赤字を改善するために為替レートの調整で合意した）によって急激な円高に見舞われた日本企業が、次々と工場をアジア各国に移したことも、この地域の経済的一体化がさらに進むうえで重要な出来事でした。このようにして日中や東南アジアの経済的な関係が深まっていたことが、一九八〇年代末になって「広義の東アジア」を舞台とする地域協力構想が提唱される背景となったのです。

2　地域協力が作り出した「東アジア」

1　ASEAN＋3の形成

前節で述べたように、マハティールのＥＡＥＣ構想は実現せずに終わりましたが、それは一九九〇年代後半になってＡＳＥＡＮ＋３という形で具体化したと見ることができます。その契機となったのはアジア通貨危機です。タイの通貨、バーツの暴落にはじまった通貨危機は東南アジア諸国や韓国に広がり、インドネシアでは三〇年以上君臨したスハルト大統領の退陣に至るなど、政治的にも大きな影響を及ぼしました。

この危機の最中にあって、一九九七年一二月のＡＳＥＡＮ首脳会合に日中韓の首脳がはじめて招かれました。これはそもそも、橋本龍太郎首相がそれまで不定期に開かれていた日本とＡＳＥＡＮとの首脳会合の定例化を提案していたのに対し、ＡＳＥＡＮ側が中国や韓国との会合もあわせて行うことを逆提案したものでした。ＡＳＥＡＮとしては、日本とのみ突出して深い関係を築くことは避け、中国や韓国とのバランスもとろうという意図です。

結果として初のＡＳＥＡＮ＋３会合は、折から深刻化していたアジア通貨危機への対応策を話し合う場となり、翌九八年一二月に開かれた第二回ＡＳＥＡＮ＋３首脳会合で、以後、定例化することが決まりました。ＡＳＥＡＮ＋３とは、この首脳会合をはじめ、閣僚級、事務レベルの会議や、そこで合意されたさまざまな合意の総体を指します。

その後、一九九九年の第三回ＡＳＥＡＮ＋３では共同声明で、通貨・金融、その他の経済活動、外交・安全保障、文化・社会など幅広い分野で協力を進めていくべきことが盛り込まれました。また通貨危機の再発防止を念頭に、危機の際に外貨を融通する仕組みである「チェンマイ・イニシアティブ」が設けられるなど、ＡＳＥＡＮ＋３の枠組みで具体的な協力関係が構築されていきました。

ここで思い出していただきたいのが、冒頭で挙げた東アジアをめぐる逆説の二つ目、すなわち、ヨーロッパなどと比べて、アジアでは地域協力は難しいのではないかという点です。ヨーロッパでは、ＥＥＣ（欧州経済共同体）など欧州統合の枠組みが一九五〇年代に始まる以前から、地域としての「ヨーロッパ」は確固として存在していました。

これに対して広義の「東アジア」は、域内における経済関係の深まりを背景としつつ、一九九〇年代以降に地域協力の試みが進展することによって形成され、実体を持つようになってきた地域だと言うことができます。言い換えれば、地域協力によってはじめて、「東アジア」という地域が作り出されたのです。一般的なイメージとは逆に、地域協力が東アジアにおいて持つ意味は、実に大きいものであったと言うべきでしょう。

ＡＳＥＡＮ＋３の発足時には、日本の存在感はとても大きなものでした。「チェンマイ・イニシアティブ」などは実質的に日本の経済力や金融面における知見に多くを負ったものでしたし、危機に陥ったアジア各国に対する資金援助策として日本が打ち出した「新宮澤構想」なども、国別の支援としては群を抜いたものでした。この頃、日本の経済規模は中国のおよそ四倍で、広義の「東アジア」で圧倒的な規模を有していました。

その後、二〇〇〇年代に入ると中国が経済的に急速に台頭してきます。それに伴って小泉純一郎首相の頃になると、東アジアにおける地域統合をめぐって日中の綱引きが顕著なものになってきます。中国が従来通りのASEAN＋3を主張したのに対して、日本はインド、オーストラリア、ニュージーランドを加えたASEAN＋6を提起するようになります。ASEAN＋3では中国の影響力が大きくなりすぎるので、「＋6」をとすることによって、それを緩和するというねらいでした。

そして昨今では、「インド太平洋」という新たな地域概念が提起されています。これは日米が中心となってインドやオーストラリアと連携して中国に対抗するという色彩が強いもので、日本からすれば「＋6」でも中国に対抗できないので、「インド太平洋戦略」として米国も引き込んだ形です。「東アジア」であれば中国は言うまでもなく含まれますが、「インド太平洋」となると含まれないと見るのが自然でしょう。中国台頭をめぐる各国の戦略が、地域概念をも左右しているといえそうです。とはいえ、果たして「インド太平洋」が「アジア太平洋」のように定着するのか。しばらく様子を見る必要があるかもしれません。

2　北東アジアと東南アジア

「東アジア共同体」は、広義の東アジア、すなわち北東アジア＋東南アジアで構成されるわけですが、それぞれにおける地域協力のあり方は相当に異なるものです。「東アジア共同体」の展望を考えるうえでも、北東アジア、東南アジアそれぞれの特徴を見ておきたいと思います。

まず北東アジアですが、その特徴は何といっても二つの分断国家が存在していることです。すなわち、中国と台湾、そして南北朝鮮です。東西ドイツをはじめ世界各地の分断国家は冷戦終結と前後して統一へと向かったのですが、その例外が北東アジアです。その域内各国の関係ですが、第一節でも触れたように日韓の国交樹立が一九六五年、日中は七二年です。そして中韓は九二年ですが、北朝鮮と台湾の存在も重要です。北朝鮮は日米との国交樹立を目指しましたが、核開発や拉致問題がハードルとなって実現していません。そして台湾をどう位置づけるのかも非常に難しい問題です。

北朝鮮に関しては、同国の核開発をめぐって南北朝鮮に米中、日露を加えた「六者協議」という枠組みが二〇〇三年から始まり、一時は北東アジアにおける安全保障に関わる枠組みとして注目されましたが、すっかり沈滞してしまいました。

この北東アジアを日本から見れば、中国、朝鮮半島という隣接する地域の両方が分断国家だという難しさがあります。これほど込み入った地域は世界でも稀です。そのなかにあっても日中韓サミットのような地域的な枠組みが形成されてきたことは注目すべきことだと言えるでしょう。ただ相互の関係のむずかしさを反映して、当初はＡＳＥＡＮ首脳会議に相乗りする形で始まっています。

とはいえ、日中韓は世界的に見ても押しも押されもせぬ主要国であり、域内の摩擦を世界に拡散させるのではなく、相互の関係を安定させることが世界に対する責務だと言えるのではないでしょうか。

一方の東南アジアです。今日でこそＡＳＥＡＮはこの地域のほぼ全域を覆う確固とした存在ですが、一九六七年に発足した際、その先行きを楽観視する見方はあまりありませんでした。なにしろ独立までの旧宗主国も米英蘭などばらばらで、宗教もインドネシアやマレーシアはイスラム教が圧倒的ですが、タイは仏教、フィリピンはカトリックです。

そのＡＳＥＡＮがその後、分裂に至ることもなく比較的順調に発展・拡大してきたのは、北東アジアと比べると比較的中小国家が多い東南アジアでは、ＡＳＥＡＮとして結束することによって、対外的に影響力や交渉力を増すことができるという利点が顕著であったことが挙げられます。たとえば日本との通商交渉にしても、一カ国で日本と向き合うよりはＡＳＥＡＮとして交渉したほうが有利にはたらきます。

またＡＳＥＡＮは、この地域における地域主義的な動きの中心となることによって、自らの存在感を維持する戦略をとってきました。ＡＳＥＡＮ＋３や、アジア太平洋諸国が広く安全保障をめぐって対話する枠組みであるＡＲＦ（ＡＳＥＡＮ地域フォーラム）もＡＳＥＡＮを母体として発足しました。

しかし近年では、中国を相手とする南シナ海の問題をめぐってＡＳＥＡＮ内部の結束が乱れることもしばしばで、また、かつてＡＳＥＡＮの「盟主」を自任していた地域大国のインドネシアは、Ｇ20の一員としても存在感を持つなど、ＡＳＥＡＮの結束や求心力に陰りが見える面もあります。

このように北東アジアと東南アジアでは、それぞれ様相の異なる地域協力が展開されてきたわけですが、経済の一体化やアジア通貨危機という共通の脅威がこの二つの地域を結び付け、「東アジア」を作り出したのでした。

3　東アジア共同体の可能性

1　「経済」と「安全保障」のズレ

さて、このようにして形成されてきた東アジアおける地域協力の流れですが、今後についてはどのような展望が描きうるのでしょうか。アジアにおける地域内協力については、『海の帝国』という本で「地域主義」（regionalism）というよりも「地域化」（regionalization）であったと指摘されています。

ヨーロッパにおいては度重なる戦火によって、甚大な被害が生じてきました。なかでもフランスとドイツの間では、欧州大陸の大半を支配下においたナポレオンが現在のドイツにあたる神聖ローマ帝国に終止符を打ち、一九世紀末になるとドイツ帝国成立に際して普仏戦争でプロイセンがフランスを下します。そして第一次、第二次と二度にわたる世界大戦でも独仏は主たる交戦国となり、第二次世界大戦後にはドイツは東西に分断されることになりますが、欧州自体も疲弊することになります。

このようななか、主権国家同士が角《つの》を突き合わせるのではなく、地域協力によって経済的な復興と発展を実現し、また、西ドイツをその枠組みに組み込むことによって、安定した地域秩序を確保したい――それが欧州統合の原点であり、そのような政治の意思によって推進されたプロジェクトであったという点で、それは政治的イニシアチブによる「地域主義」といえるものでした。

これに対して、北東アジアと東南アジアからなる広義の東アジアにおいては、先に実態としての経済的な相互依存状態が生じており、それがアジア通貨危機などを契機としてＡＳＥＡＮ＋３といった地域的な枠組みが形成されることにつながっていきました。したがって、政治主導の地域主義というよりも、経済的相互依存の深化が先導した「地域化」が特徴だろうという指摘です。それを反映してＡＳＥＡＮ＋３における協力も、実質的な成果があがっているのは

「チェンマイ・イニシアティブ」など金融・貿易といった経済面のものが大半です。

このような両者の違いは、広義の東アジアと西欧とがおかれた環境の違いを反映したものだといえるでしょう。日本では欧州統合をモデルに「東アジア共同体」を構想するという風潮がある時期まで強かったように思いますが、参照すべき点はあるものの、両者を単純に比較の対象とするのは無理があります（あえていえば、欧州統合と比較をすべきは東南アジアにおける地域統合＝ＡＳＥＡＮではないでしょうか）。

試しに欧州統合をモデルに東アジア共同体を構想するのではなく、逆に東アジア共同体として想定されるものを西欧に当てはめると、次のようなものになるのではないでしょうか。すなわち、冷戦初期に米国による西欧防衛を主眼として結成されたＮＡＴＯ（北大西洋条約機構）の存在なしに、西欧がロシアを含めて共同体を形成する――。それがいかに容易なものでないかは一目瞭然でしょう。

つまり広義の東アジアを範囲として想定される「東アジア共同体」とは、経済的には域内の相互依存を深めている一方で、最も大きな経済規模を誇る中国は政治体制を異にし、安全保障面では米国やその同盟国と潜在的な（場合によってはそれ以上の）緊張関係にあります。言い換えるならば、広義の東アジアは経済的には相互依存関係を深めているものの、安全保障面では一方に中国、他方に日本や韓国、フィリピンなど、米国と同盟関係にある国々が同居しているわけです。このような「経済」と「安全保障」の間のズレが、東アジアの地域秩序を考えるに際して、最も重要なポイントになってくるのではないかと思います。

これを日本の文脈に即していうならば、冷戦期においては日本にとって米国は日米安保条約を結び、かつ最大の貿易相手でもありました。しかし中国経済の成長に伴って二〇〇〇年代はじめには対中貿易が対米貿易を上回り、その後も差は開くばかりです。つまり日本にとって米国は同盟国だが、最大の貿易相手は中国だという構図になっているのです。同盟国としての米国は言うまでもなく重要だが、中国との経済関係は死活的な重要性を持っている――。それがいまの日本がおかれた状況だといえるでしょう。

2 緊張緩和の方途として

振り返ってみれば、広義の東アジアにおいて地域的な協力が大きく進展したこの三〇年ほどは、政治の役割が比較的希薄でもすんだ時期だといっていいのかもしれません。米ソ冷戦が終焉し、一九八九年の天安門事件がありましたが、その後の中国は経済成長に専心することによって体制の安定と国際社会への復帰に勤《いそ》しんだといえるでしょう。域内における経済的相互依存の進展に伴って、東アジア地域主義が大きく発展した時代でもありました。それは日本にとって、影響力や主導権を発揮しやすい時代であったともいえるでしょう。

それに対して、二一世紀中葉に向けたこれからはどのような時代になるのか。中国台頭が地域秩序にどのような変容をもたらしていくのかが、ますます重要なテーマになってくると思います。言い換えれば中国の経済成長が国力の伸長に直結し、国際秩序全般に大きな影響を及ぼす域に達しているということです。

そのような状況において、東アジア共同体構想にはどのような意味がありうるのでしょうか。手がかりとして、近年の日本における議論を振り返ってみたいと思います。東アジア共同体といえば、これを熱心に提唱した鳩山由紀夫首相が思い浮かぶかもしれませんが、それに先立つ自民党政権でも小泉純一郎首相は「東アジアコミュニティ」の実現を訴え、福田康夫首相も「東アジア共同体」を提起していました。

そのなかでも差異はあって、小泉首相は「中国の成長は日本にとって脅威ではなくチャンスである」と述べて中国をはじめとするアジアとの経済関係に力点を置き、福田首相は対米外交と対アジア（特に中国）外交との「共鳴（シナジー）」を強調していました。それに対して鳩山首相は、過去に幾たびも戦火を交えた独仏が戦後は欧州統合の中軸になったことを念頭に、アジアとの和解と不戦共同体といった発想で臨んだことに特徴がありました。

このような流れに対置されるのが、第一次安倍晋三政権や麻生太郎政権で提唱された「自由と繁栄の弧」「価値外交」かもしれません。これは民主主義や人権といった「価値」を共有する国々との連携を深めるという外交戦略で、当然中国はそこに含まれず、ある種の「中国包囲網」ではないかという見方もされました。

現在の第二次安倍政権にもこの発想は色濃く見られましたが、このところ対米摩擦の激化を背景に対日接近を図る習近平指導部からのアプローチに、受け身ながらも応じつつあるといったところでしょう。「対中包囲網」的な発想であれば、米国の対中強硬姿勢は本来、好都合なはずでしょうが、現実にはそうはいかないことを示しているように思われます。

結論から言えば、これからの東アジア共同体構想には、中国台頭に対する一種のクッションのような役割が期待されるのではないかと思います。日米同盟を背景に中国に対抗するといっても、中国をめぐる日米の思惑が常に一致するとは限りませんし、「力と力」の対決では財政難を抱える日本にとって、ますます不利になるだけです。「共同体」は友好関係があるから作るとは限りません。欧州統合は、西ドイツをそこに巻き込んで束縛しておきたいというフランスの強い意向の反映でしたし、ASEANは一九六〇年代半ばのインドネシアがマレーシアに対してとった「対決政策」などでささくれ立っていた域内情勢をひとまず安定させるという、言ってみれば後ろ向きの目的で始まりました。

圧倒的に大きな中国を含めたら中国主導になるだろうという懸念はもっともです。ですが、たとえば一九五〇年代半ばのインドが中国と打ち出した「平和五原則」などは、両国の友好関係を世界に向けて盛んに喧伝することによって、中国がインドに対して敵対的な姿勢を取りづらくするという目的もありました（「友好による封じ込め」と評されました）。

「共同体」を模索して対話をつづけるだけでも、緊張緩和と信頼醸成に資する意味があります。「共同体」に現実味がないとして一蹴するよりも、そこに向けて模索をつづけることの方が、今後の日本にとっては得るものが多いのではないかと思います。「地域主義」というよりも経済主導の「地域化」で進んできた東アジアの地域協力ですが、中国台頭をめぐる秩序変動という新たな「政治の時代」に際して、緊張緩和とナショナリズムのぶつかり合いを回避するといった政治的指導力が求められることになるのではないでしょうか。

最後に沖縄との関係について触れておきたいと思います。東アジアにおける「安全保障」と「経済」のズレということを指摘しましたが、沖縄はその最前線に位置するといえます。アジアからますます多くの観光客が沖縄にやってくる一方で、尖閣など領土問題をめぐる緊張の最前線でもあります。

領土問題などで外交関係が破たんし、万が一にも戦火に及ぶようなことがあれば、経済関係への波及は必至ですし、とりわけ観光は途絶えるでしょう。「観光は平和産業である」とはまったくそのとおりです。紛争の火種になるような問題は、政治の力量と努力によって解決とまではいかなくとも安定的に管理し、中国をはじめとするアジア経済躍動のメリットは存分に享受する――国内の人口減少や財政難に悩むことになるこれからの日本にとって、前途を切り開くにはそのような道筋しかありません。沖縄はアジア国際秩序における平和と安定のバロメーターともいえるでしょうし、そのような沖縄の姿を可能にするアジア国際秩序とはいかなるものかを考えることは、沖縄のみならず、日本外交の閉塞感を打破する突破口になるのではないかと考えています。

【参考文献】

大庭三枝『重層的地域としてのアジア』有斐閣、二〇一四年。
白石隆『海の帝国』中公新書、二〇〇〇年。
田中明彦『アジアの中の日本』NTT出版、二〇〇七年。
宮城大蔵『現代日本外交史』中公新書、二〇一六年。
宮城大蔵編『戦後日本のアジア外交』ミネルヴァ書房、二〇一五年。

第3章　東アジアにおいて中国が求めることとその射程

劉　剛

はじめに

昨今の東アジアの事情はかなり変化が激しく、中米関係は、当初の対抗的な場面から妥協や解決へ向かいそうではありますが、最終的にエスカレートする方向にいくのか妥結という結果になるのか、不確定な要素が多くて一概に言えません。当然、中国の東アジアにおける政策には、大きな影響が出てきています。本日の講義においては、多国間関係および内外関係の視点から、米中関係を解読してみたいと思います。

きょうは現在の中国、つまり習近平体制が東アジアに求めるものは何かという問題について、皆さんに少しですが、話をする機会をいただけたことに感謝申し上げます。

「中国は東アジアに何を求めているのか」という話題は、恐らく日本を含め、かなりの国々の人々が、関心を寄せているのではないのでしょうか。ここでは私なりの、一種の比較文化的な議論を展開させていただきます。

この問題を別の言い方で簡単にまとめると、これからの中国は、東アジアを含めた世界の脅威になるのか、それともパートナーになるのか、という問いになるかもしれません。私の回答は、「脅威にはならないし、また条件によってはパートナーになるかもしれない」というものです。これは、中国内外のいろいろな条件にかかわっているのではないかと考えています。

1　中国の「強国夢」の明暗

この四〇年間、大きく成長してきた中国は、東アジアおよび世界に何を求めているのでしょうか。この問いをめぐっては、世界の国々で非常に関心をもっている人たちや、心配されている方々が多いと思います。

二〇一二年の中国共産党第一八回大会で、習近平体制がスタートして以来、直面している問題は山積みになっています。特に企業・経済モデルの変化や、党と政府内のあらゆるレベルの腐敗問題などがあります。そのうえ党の執行部が狙っているのは、唯一かつ永遠の与党として共産党への民意の回復、つまり「塔西佗陷阱（タキトゥスの罠）」[1]に陥らないことです。改革・開放からすでに四〇年の中国においては、現政治体制を維持することこそが最大の狙いです。成長してきた中国では、社会主義体制の維持より、さらに国内の腐敗や異見を抑えるため、イデオロギーを強化しつつあります。そのなかで、中国が歴史と現実の側面から拡張や覇権を求めるのは、ほぼ不可能ではないかと考えます。その代わりに、世界の多極化のメリットに便乗しつつ、そのなかの一極としての役割を果たし、中国の「強国夢」を実現することで、中国の百年来の願いを現実のものとすることができるでしょう。

もちろん、習近平が党の総書記・軍事委員会主席・国家主席の座に就いてから、中国ではさまざまな変化が見られます。今年（二〇一九年）五月以降、少なくとも右往左往し、戸惑っていた感がありますが、妄想的な自信や迷走的な外交ミスは徐々に調整・是正されてきています。例えば、少し前によくアピールポイントとして挙げられていた「中国製造２０３０」や、今では笑い話になってしまった広報映画『すごいぞ、わが国』などで見られた大袈裟な話は、外部の圧力（主に米国から）や内部批判によって修正や調整が加えられ、中国国内の党宣伝部システム上でも消えてしまいました。こうしたアピールは、体制内のシンクタンクのメンバーたちの誤算であったのか、近視眼であったのか――とにかく甘い考えでした。

改革・開放を言い換えると、要するに中米関係維持の体制の下で、中国百年来の悲願を実現しようという構想です。四〇年経った今でもなおさまざまな問題が積み重なっており、習体制になってから、自身の政治理念と経済の活路を総合的に合わせて考量し、内外の要素を合わせて苦慮した結果、「一帯一路」という理想的な国家プロジェクトを打ち上げることになりました。しかし、ご存知のように、米国から想定外の介入が及んで、さらに調整や配慮を行う必要が生じています。

中国はＷＴＯ加盟後すでに一八年以上経ており、これまでのやり方に馴染んでしまった中国政府と企業は、油断して米国からの期待および警戒や厳しい視線を軽視し、甘く見てしまっていたかもしれません。つまり、上述の経済の面で全面的に成長ができたのは、米国の宥和政策の恩恵があってこそというのが事実なのです。中国問題のとても複雑な性質は、中国のような中央集権的な国であると同時に、中等発展国（中国側では最大の発展途上国と呼ぶ）でもあるという事実にあります。

一般に、そのような国には三つの可能性があります。一つは、普通に「ラテン化」として知られる中規模の国のままとどまること、もう一つは戦前のドイツ、日本、イタリアそして旧ソビエト連邦の通った道をたどることであり、もう一つが漸進的な民主化の道をたどることです。この最後の選択肢こそが、日本などの先進国を含む米国および欧州連合が中国の発展を支援し、パートナー諸国（ＷＴＯ）に組み入れた際に期待していた前提、ないしは条件なのです。

もちろん、このような期待を背景に、既存の参照モデルを念頭に置くと、中国は中央集権体制を維持しつつ比較的迅速に経済や技術の面で世界に追いつくことができると考えられます。しかし、同時にそれはもう一つの問題を引き起こしかねません。中国のような中等発展国は、ある程度の市場化を通じてさらなる民主化のための基盤を持っていますが、同時に中央集権支配が強化される可能性があるということです。その背景には、改革・開放から得られた既得権益集団または特殊利益集団があります。利益を拡大させてきた人々（一般に中産階級や公務員、一部のサラリーマン階層）はさらなる民主化が必要だとは感じず、問題が徐々に深刻になり、取り返しがつかなくなるまで本当の一党独裁政治が最善の選択であるという結果になるかもしれないのです。つまり中国のやり方としては、国内と国外の扱いを別々にして、対外的には改革開放のさらなる拡大（もちろん無条件ではない）を推し進める一方で、対内的には、一党独裁を含めあらゆる手段を駆使して安定や現状維持を実現しようとすることでしょう。もちろん、これにはなんらかの形で反発が起こるでしょう。

ドイツと日本、そしてソビエト連邦は、当初、このような中等発展の国々だったのであり、中央集権を通じて強力な支配体制への道を辿りました。中国が同じことをするかどうかはまだ注視していく必要があります。

ともあれ、大国としての中国が先進国として米国や欧州連合に受け入れられたり、または周囲を失望させたり、孤立させられたり、制裁されたりしても、これは現在、中国が直面している主観的かつ客観的な環境における中国自身の選択の結果なのです。

いわゆる「ミドルカントリートラップ」というのは、さまざまなことと関連しますが、実際にはさらなる民主化が可能かどうかという問題です。発展を遂げた中産階級の望みは、十分な自己消費力とより良い富の分配システムを手に入れ、それによって第三次産業の割合の大幅な増加を促進することです。これらすべてが政治制度の改革つまり「体制」と関係していますが、ここでいう第三の選択は中国の文化的「体質」によって左右されるということと、さらに重大なのは現代の中国の政治制度に適しているかどうかということです。中米貿易戦争が示すのは、中国が中等発展国のレベルを超えたということであり、これによっていわゆる「体質的」[2]な選択の問題が顕在化しているのです。

先に述べたように、クリントンからオバマまで、対中基本戦略としての米国の期待は第三の道を選択してもらうことだったのでしょう。しかしこれまでの経験から、この経路は韓国や台湾などの小国にしか有効ではないという可能性があります。米国がそれらを抑えることができるからです。戦前のドイツ、日本および戦後のソビエト連邦、さらには中国などの大国は、自国の体制における「惰性」[3]が大きすぎるがために、二番目の道、つまり国家独占主義（戦前の名前は国家社会主義）をとる可能性が高くなります。実際、中国がすでにこの道をとっているかどうかについては、政治体制や歴史的な背景など性格の違いがありますから、引き続き観察する必要があります。

米国のような発展した民主主義は、熱い戦争を通して中国を変えようとは思わないでしょう。そのコストや代価が大きすぎるからです。したがって、「熱戦（Hot War）」または「冷戦（Cold War）」より、貿易戦争という「涼戦[4]（Cool War）」の方がベターな選択といえるでしょう。科学技術と貿易に対する中国への制限を最大限にすることで、中国は民主化を余儀なくされるというわけです。

開発人類学の視点から考察すると、情報や技術など産業に欠かせないものの伝播や伝達については、比較的閉鎖的な状況では、前世紀後半の中国のような孤立したシステムに対して、民主的なシステムの方がより明確な利点を持っています。しかし、現在のようにかなり市場化されている中国はこのような孤立状態にはなく、隔離政策も成功しない可能性が大いにあります。さらに、すでにさまざまなつながりが複雑に構築されてしまっている今日においては、接触を完全に断ち切ることができないため、集権化はかえって資源の調達や運営の効率性を高め、一定期間内、または部分的に相手を超え、または相手に追いつく可能性が高いのです。ファーウェイ（華為）は、その典型的な事例です。

その結果、両国とも妥協できない場合、熱い戦争へ発展する可能性が高まります。さらに中央に集権化した国家主義が民主主義を打ち負かす可能性さえ秘めています。仮にそうなった場合、一定の競争相手やロールモデルが存在しない状態で、集権体制が世界をリードするとしたら、権力が「ブラックホール」のように、あらゆる開発やイノベーションを停滞させる可能性があります。集権型の開発の基本的な目的は開発するのではなく、（エネルギーの消耗を極力減らしつつ）中央独占・独裁のような集権体制を維持することだからです。競合の対象がある限り、集権化国家にとっては、認識や行動における選択が比較的明確で簡単なため、その対応のために集中できます。目下の中国は、このような状況や位置にあると思われます。しかし、いったん外的条件が失われると、内的要因も変わって自己啓発に依存（いわゆる自立）してしまうため、集権国家は自己啓発のためのシステムや機能ばかりでなく、その動機すら持たなくなります。いったんそうなってしまえば場合、妄想や暴走の袋小路に陥る傾向が避けられないことになるでしょう。

2　戦略およびその齟齬

中国語には「内外有別」という言葉がありますが、これはつまり対内・対外について対応を分けて考え、行うことと言えます。現在、中国執行部が、特に力を入れているのは、中国国内の安定です。言い換えれば、いまだ非常に不安な状況が存在しているため、共産党は半世紀以上にわたって積み重ねられてきたさまざまな内政問題の解決、あるいは現状維持に努めなければならないということです。そのためには、中国周辺の環境や国際情勢の安定は、特に重要なことなのです。だからこそ中国の外交ラインや対外戦略などにおいては、「○○運命共同体」を作ることが、一つの特徴として挙げられるのでしょう。例えば、つい最近、中国青島の港で行われた中国海軍建設七〇周年のパレードでは、習近平が各国の海軍の貴賓に「海洋運命共同体」を構築することを提言しました。

中国の人々が求めているのは、平和と安定、そして豊かさです。そこで中国の現執行部は、中国の人々の増大する欲求を満足させるのに精一杯なのです。

中国人社会では、消費・娯楽文化が非常に発達しています。だからこそ、習近平執行部の外交政策は、やはり、平和と安定のうちに中国を発展させることだと考えられます。そのために、グローバリゼーションを通して多極主義を尊重し、自由貿易を求め、中国の発展を維持することが目標ではないか——筆者はそういうふうに理解しています。その一方で、数千年の歴史のなかで培ってきた中国の生活スタイルは、現在の中国においてもそれほど変わっていません。

歴史的に振り返ってみると、中国という国には専守防衛の体質がありますから、他国への侵略や拡張はあまりしていません。遠い昔の話はここでは控えますが、現代史上のインドとの辺境戦争、ベトナムとの辺境戦争もともに、解放軍は有利な状況をうまく利用して撤兵しています。

一つ言えることは、かつての偉大な数々の中国の王朝がなぜ滅んでいったかについての分析と対策が、いまの共産政権には恐らく決定的に不足しているということです。そこで結局は過去の王朝と同じ道をたどるのではないかと、そう思う外国の論客もいます。

確かに冷戦後、東アジアにおける中国の成長に伴って、この地域の情勢において再び、緊張が高まってきている可能性があります。一つの兆しとしては米中関係が最近、緊張し、悪くなりつつあります。幸い、日中関係のほうは、対照的に徐々によくなっているということですが——。

もしかすると、日本国内の中国人や大陸の中国人も含め、とても不思議に感じているのではないでしょうか。例えば、安倍首相は、日中関係を当初ずいぶん悪くさせてしまった張本人ですが、近頃、その口調が一変し、緊張緩和路線に転ずることになりました。そのためか、最近悪化しつつあった米中関係も反対によくなり始め、島嶼のトラブルは未解決のまま鎮静化が進んできたように思えます。

かつてあれほどに嫌われていた安倍首相も、堂々と北京を訪問することになりました。確かに政治家には、ことわざにある「恒久な敵はおらず、敵の敵は友達」ですから、こうした動きは、トランプ政権からの圧力に直面している安倍内閣のチョイスなのでしょう。つまり、経済大国の中国といかに緊張を緩和し、目の前のことや未来のことを考え、地域共同体構築のなかでどんな役割を果たしていくかということがとても重要ですし、世界からも注目されているということなのです。

その点に日本という国の凄さがここにある、と筆者は思います。長い年月をかけて形成された日本の武士階級は、中国の歴史から多くのことを学びました。もちろん、中国古代の哲学などの学問分野から学んだことは多いしょう。つまり、世の変化に応じ、「与时俱进」（時勢とともに進む）のような対応策ができているのです。現代国際社会の複雑な環境でそれができない国は、ハッキリ言って長い目で見ると、衰退するしかありません。日本のＧＤＰを超え世界のNo.2になった中国が東アジアにおいて追求すべき最優先課題は、日本との構造的な関係を再構築することではないでしょうか。言い換えれば、これは日本にとっていいチャンスではないかと思うのです。このチャンスを活かす日本外交の喫緊の課題は、中国の動きをよく吟味し、この先の習近平の中国共産党主席がどのような行動をとり、中国国民が自国をどのような姿にしようとしているのかを考えることなのです。

日中関係の修復およびさらなる発展のためには、政府間の関係のみならず民間の交流、そして生活のレベルにいたるまでの相互理解など、もっと取り組んでいく必要があると筆者は思います。私の見たところ、日中間の極端に政治的な発言や情報ばかりがよく報道されています。マスメディアにおいて、例えば日本のいくつかの民放テレビのニュース番組をとってみても、相手国にマイナスな情報や事例がよく伝えられ、実際の生活のなかからの報道が余りにも少ないと感じます。実際には、中国の若い人のなかには日本文化のファンが多いのです。それに対して、日本の若者たちは、中国の現実や発展におけるさまざまな事情を聞かされてもピンとこない人が多いでしょう。

中華系の人たちがしばらく日本にいると、反日的なニュースばかりが目について、小さなことが原因で、対中感情は悪くなるばかりだと感じてしまいます。

マスコミというものは、いつも相手の国について物事の一側面だけを大きく取り上げて、大衆に驚きや違和感を持たせようとする傾向があります。そうなると私たち視聴者もそれが正しいのだろうと考えてしまいます。その根拠は「マスコミがそう発信しているから」です。これは当てにならない根拠です。本来は考えにはない、頭のなかにないことを、ゆがんだ形で毎日伝えられると、日本人は「本当のこと」だと印象付けられてしまうのです。

3　歴史からみる中国とその国民性

中国の文化的特質について考えてみましょう。何千年もの間、中国人社会では、自給自足の「小農経済」を通して、気楽な気質や人間性が形成されてきました。経済発展した現在でも市街地の中産階級にもこの気質が浸透しています。つまり人々は非常に気楽に生き、満足して暮らしているのです。欧米世界と比べて、もっと「駘蕩」（のびのびとしているさま）という特質を有しているのではないか、と私は思います。「中国人は特に人がいい」とか「中国人はリラックスしている」などといわれる方もあるでしょう。

一方、このような言葉で中国人のすべてを言い表すことは、もちろんできません。中国ということでこの国のすべてを総括することは、おおいに間違っていると私は思います。例えば中国といえば、中国共産党執行部と一般の中国人、いわゆる一般大衆とは分けて理解した方がいいでしょう。例えば、中国の政治は常に変わっていきますが、国民の特質などは、あまり変わりません。司馬遼太郎が指摘したように、「中国に住む大多数の人々は、歯痒いほどゆったりしている。その時々の政情に多少の懸念を感ずることがあるにせよ、ほぼ天地とともに呼吸し、食ヲ以テ天トナス──食えたらいいじゃないか──という古来の風を、革命後も残している」（司馬遼太郎『この国のかたち』）のです。今までも一般人の間では、心の底にかなりそれが残っているだろうと思います。

また、人びとは中国語でいうところの「小康」（やや余裕のある安定の生活状態）に相当する生活スタイルに満足できます。このような「駘蕩」にはマイナスの意味はなく、まったく長い歴史のなかで豊かな環境に恵まれて培われたものです。だから、中国においては昔から、庶民レベルの娯楽や遊び文化が非常に発達しています。花鳥虫魚、飛禽走獣など、人間や万物のほとんどすべてを遊びのなかに収めてしまいます。全く悠然と生きていくことのできる一族なのです。最近では、真っ先に豊かになった人々のなかには、日本文化の粋である錦鯉や盆栽まで、購入したり競売したりして、数百万、数千万円以上で購入する人も少なくありません。そのように、気楽な生活や穏便な雰囲気が国民性として浸透している国である中国の求めるものは、欧米のような「攻撃的」な国民とは違いますから、楽観的で保守的な性格を持つ一族として、平和と安定を受け入れることでしょう。

中国の東アジア戦略は、中国の世界的戦略ともつながっていて、その一部でもあります。というのも、毛沢東の時代には、世界を三つに分け、中国は第三世界のリーダーだと考えて、世界戦略を構想していました。事実、彼は中国が地球上の「貧乏人」の代弁者だと自負していました。もちろん、それはその時どきの中国の対外戦略の建前として、有効に使われてきた感じがします。

その後、毛沢東の死去によって、中国は改革・開放の時代に突入しましたが、鄧小平の対外路線においては、開放とイデオロギー強調戦略の放棄または放置といった指導ラインに転換し、経済利益の追求と実務主義的な目標へとひっくり返ってしまいました。実際に鄧小平以降の中国は、第三世界（例えば、対東南アジア）を放棄し、欧米との連携を狙って改革を進めてきました。鄧小平自身の言葉によれば、「韬光养晦」（自らの力を隠し精力を蓄える）ということになりますでしょうか。これは彼が掲げた外交政策のスローガンとしてよく中国内外に知られているのですが、日本語にすると、「能あるタカは爪を隠す」戦略と言えるでしょう。これは、ご存知のように、一連のメリットを中国にもたらしてきました。

鄧小平後の中国は、江沢民、胡錦涛を経て、現在の習近平体制に代わって、ふたたび大きな転換を経ることになりました。それは、鄧小平路線を実質的に乗り越えようとするものでした。本寄附講座が進行している間にも、中国の実情はどんどん変わりつつあります。習近平執行部の戦略的な追求は、鄧小平時代およびその後の鄧小平路線（江沢民、胡錦涛任期）ともかなり違います。習近平執行部は、共産党内部の競争で登場しましたが、体制を正当化するため、あるいは「正統化」を演出するため、前任者を否定し、距離を置きたがる傾向があります。

習近平の指導の下、中国国内では、腐敗を撲滅することと「一帯一路」の対外的構想、「中国製造２０２５」という全面的な強国戦略を打ち出しました。それによってうまくいけば米国の圧力を跳ね除けられるし、中国国内の余剰生産能力を転移して解消し、国内産業のモデルチェンジも実現できるという「一弓多鷹」（一石二鳥）の目論見があるわけです。

つまり習近平執行部は、これによって内外問題を一括して解決できるという甘い見通しを持っていたのです。言い換えれば、今までのやり方で、米国を始め西側はすでに中国の成長やわがままな行動にだいぶ馴染んできたので、中国国内の経済発展速度とモデルチェンジをうまく両立できれば、中国という大国から強国への夢すなわち「中国夢」という、習近平が色鮮やかに思い描いた中国発展は成し遂げられる――これがスタートしたばかりの習近平執行部の青写真だったのではないか、と推測されます。

中国にとって意外だったのは、米国のトランプ政権からの反発です。ご存知のように、米国のトランプ政権誕生後、中国側は、急いでトランプ氏を北京で盛大に歓待しましたが、帰国後のトランプは、「中国との貿易不均衡にこれ以上耐えられない、米国は中国との競争に勝つ」などの文句を連発しつつ、中国の厚意を裏切って「貿易戦」を発動しました。

結果は、ご存知のとおり、徐々に減速してきている中国経済が関税アップの打撃を受けて、中国の内外政策にマイナスの影響をもたらしました。中国はその政策を急いで調整したのですが、それは、「外松内緊」（外見はゆったりしているが、内部ではしっかり注意が行き届いていること）といえるでしょう。これにより、米国への妥協策からさらに柔軟な姿勢に転じ、二〇一九年五月以降は難局から脱出し、六月下旬の大阪G20サミットの際に米中首脳会談において「休戦」（reset）が決定、中国首脳部の対応が定まってきました。G20での米中首脳会談は、六割は中国ペースで行われたのではないでしょうか。言い換えれば、米国のトランプ陣営の「速攻戦」に中国側が「持久戦」という毛沢東戦法で応じることになったのです。中国の国営メディアではその間、「貿易戦争」の表現を使って米国と最後まで戦おうといった宣伝が満ち溢れていました。CCTVは義勇軍が朝鮮戦争で米軍と死闘したことを描いていました。

米中の人びとの関心は、国民や人民の利益というより、どちらが先に相手の弱みを見破れるかということで、それこそ「チキンゲーム」だったのであり、双方とも相手の譲歩を引き出したいために強硬な姿勢を崩さない「世紀の駆け引き」だったのではないでしょうか。よく考えれば、内心望んでいることと口で叫んでいることが違うという点では、米中首脳の双方とも同じなのです。

一連のやり取りを経て、六月一八日、トランプ・習近平両首脳間の電話会談が行われ、G20大阪サミットでの首脳会談の開催と米中通商協議の再開が合意されましたが、東アジアにおける中国の強国ビジョンやリーダーシップは、安定的には実現できないのではないかという考えが浮かび上がってきています。また西側のマスメディアでは、中国の国家戦略である「一帯一路」にさまざまな疑惑が出てきています。例えば経済力が世界第二位の国が東南アジア諸国やアフリカ諸国に大規模なインフラ投資を行うといっても、鉄鋼や労働力などは中国からの供給であり、実質的には中国国内の過剰労働力の移転に過ぎませんし、過剰なインフラ投資によってこれらの国々を借金漬けにしておいて軍事基地化を図る、というやり方は「品位」の欠片もないものです。シェークスピアの「ベニスの商人」を彷彿とさせられます。このような疑惑をいかに解消していくのかが、中国の喫緊の課題となるでしょう。

4 「強国戦略」のジレンマ

中国では、二〇一二年から習体制がスタートしました。国のトップの座に就いた習近平は毛沢東の信奉者であり、中国の伝統政治の信者でもあります。また、鄧小平時代から始まった改革・開放を経て四〇年分ほどの膨大な「貯金」もあり、習近平の下、中国は経済力で世界№2の座につき、やる気満々で内外に勢力を誇示したのです。

四〇年前、鄧小平は冷戦構造を分析し、グローバル社会の風潮に便乗して、中国の改革開放を打ち出しました。こうして、中国の特殊なイデオロギーの台頭を抑えられたのです。そうやって、米中関係は親密になり中国のＷＴＯ加盟も実現したのでした。言い換えれば、中国はイデオロギー的願望を抑えることで米国をはじめ西側から発展のチャンスを手に入れることになりました。米中関係の改善・維持が、中国の改革開放を大きく支えてきたのです。

現在、中国の経済規模は既に世界№2になっています。もちろん、こうした中国の存在には大きな意味があるのだろうと思います。そのような現実を背景として、日韓関係および日韓と米国との複雑な関係のなか、どういうふうに相互の協力と信頼を築いていくのか――中国はそうしたいろいろな課題を突き付けられている状況にあります。

簡単にいうと、中国は理想を追求する国の性格として、いままでのように大方「青写真」を見ながらやっていく方針でした。例えば五〇年代の初めごろからの五カ年計画もずっと今日までやり遂げてきました。文革の時代にも計画通りになりました。ですから中国の掲げる目標を理解するのはそんなに複雑ではなく、かえって非常に簡単なのです。

中国の主張にあるのは「平和と発展」という標語です。もちろん、ここでいう発展には、平和という条件が必要なのです。それは鄧小平時代からの考え方で、このことに変更はないことが再確認されています。

ですから、米中関係およびアジア戦略のなかでこれをどういうふうに活かしていくかということが、中国にとって大きな課題なのです。そこで根本的な課題としては、イデオロギー論争などの国内問題をどううまく解決するかということです。いろいろな複雑な関係のなか、どういうふうにこの目標を実現していくのか、ここに中国のさまざまな試みが見えてくるでしょう。

習近平体制の下、中国は百年来の大国の「夢」プラス「人類運命共同体」の構築を目指して、平和と発展という目標を打ち上げることになりました。すでに、「一帯一路」などの具体的な国家プロジェクトを実施しており、国内をまとめるために「強国願望」を強調し、『すごいぞ、わが国』などのパフォーマンスもありましたが、その一方で米国に対しては意外なことにずっと宥和政策をとりつつあります。

それに対し、米国の戦略的反応はというと、米中関係のすべての領域での反発が見られます。それが貿易、経済、金融、移民、政治、教育などの領域にまで及んでいます。米国の中国に対する反応はおしなべてそれほど過激ではないものの、突発的に中国を刺激する危険があります。これは妥当であるとは言えないでしょう。他方、中国からしてみれば、内政維持やイデオロギーを統合するためのピーアールや作戦計画のきっかけにしたいという狙いは充分あります。二〇一八年一二月の香港『経済日報』で、中央政治局が対米二一文字方針を決定したとスクープされたのは記憶に新しいでしょう。つまり「対抗と冷戦を回避し、順を追って開放し、国家の核心利益は譲らない」（不對抗、不打冷戦、按歩伐開放、國家核心利益不退讓）ということです。このスクープで、中国側はまさに「持久戦」という毛沢東時代の抗日戦争の戦略・戦術に立ち戻って、米国に対抗する姿勢を示すと報じられたのです。また重要なことに、この報道は台湾聯合報系が率先して報道しました。この記事では、中米貿易会談の責任者である副総理の劉鶴氏の訪米の際、中国首脳部内には認識の変化があったとして、新しい戦略的決定の経緯が報道されています。大まかな趣旨は以下の通りです。

米国が最初に仕掛けた対中貿易戦争は中国側からしてみれば「遭遇戦」であり、中国は受け身の立場であったことを習近平は認めています。彼はこの予期せぬ戦いに戸惑いつつも譲歩をするかどうか頭を悩ませました。この予期せぬ戦いの裏を中国側が冷静に分析した結果、トランプ氏は二〇二〇年の大統領選での再選を最優先にしていること、そしてこの貿易戦争による米国経済への影響も米当局の予測をはるかに上回ると考え、米国に短期間では中国からの輸入品の代替製品がないのを見越しつつ、今回の結論にいたったのです。つまり数日前の政治局会議の長い会議ののち、中国は米国側の貿易戦争に屈せず、強い意志をもって「持久戦戦略」を実施すると決定したのです。中国側としては、防御、互角の対抗、逆転という三段階のうち、第二段階の「互角の対抗」いわゆる、「陣地戦」まで持ち込む方針を固めました。それによって「対抗しながら交渉し、交渉を恐れず、交渉に喜んで応じるが、道理と節度をもって覇権主義に対処する」（辺打辺談、不怕談、歓迎談、有理有節、應對霸凌）というのが中国側の決意と方針になることでしょう。最終的にこの貿易戦争は、両国の底力と我慢比べの末、誰が先に折れるのかが勝敗を決めることになりますが、そういえば二〇一九年五月中旬以降、中国外交部報道官は何度も「対立しながら交渉し、交渉を恐れず、交渉を歓迎する対場で応対し、論理と節度をもって覇権主義に対処する」という表現を口にしていました。なるほど「根拠」のある方針だと思います。たとえ「速攻戦」であろうと、「遭遇戦」であろうと、「持久戦」であろうと、「陣地戦」であろうと、いずれにしても「人民」と「国民」の底力の角逐でしょう。長ければ長いほど、局勢が中国側に有利に転じると中国側は信じています。

おわりに

中国という伝統的な大国では、秦の始皇帝の時代、商鞅という「法家」の代表的な人物が、人民や知識人をコントロールする術を学説として唱えました。それ以来、封建時代から今日にいたるまでこれが統治術として活用されており、西洋の民主的な考え方は、一部の人たち以外、大衆の意識のなかではまだほとんど根づいていません。

中国の伝統的な政治の内外に対する問題処理の戦略や対策の特徴としては、外部より内部環境を整えたり内部への監視を強化したりする傾向にあります。両者が矛盾する場合、外部に対しては妥協や譲歩をすることで、国内の安全維持や安定を確保するというやり方をとってきました。これを「攘外必先安内」（安内攘外《あんないじょうがい》）といいます。これは新中国の半世紀以上の歩みのなかにもよく見られる対外姿勢です。さまざまな物資、資源、さらに国土さえ割譲したり、場合によっては差し出したりします。北朝鮮、ベトナム、ロシア、ミャンマーなどの国々との交渉にもこの傾向が見られます。

二〇〇〇年以上の歴史のなか、国民性の形成は「小安即可」（少しの安寧でもありがたいと感じること）のうえに築かれてきました。そして、今日も中国という国は、西洋のような侵攻的、カウボーイ的なセンスとは全く異なり、国家レベル、民間レベル、文化的特徴、そして国々の隅々にいたるまで、楽観的な情緒や意識で形成されています。だからこそ中国の政治改革が進行してイデオロギー優先政治が大きく変化するとともに、民間の楽天的な特質が大幅に変わらない限り、例えば「何でもたべちゃう」食習慣が引き起こしたコロナウイルス、そしてそれを軽視して対応が遅延し、感染が拡大した現状から見ても、中国社会がいくら発展して、その形がどのように変容し熔解しようとも、内輪もめがしばしば発生するので、外部からの過剰な心配や不安などは必要ないといえるでしょう。

最後に、東アジアにおける安定と発展のためにも、中米貿易戦の行方を考えるうえでも、中国はイデオロギー的戦略を推し進める代わりに、市場経済へ向けてさらに本格的な改革を深化させる必要があると筆者は考えます。

【注】

（1）「タキトゥスの罠」（タキトゥス・トラップ）というのは、政府が信用を失っているときは、何を言おうと何をしようと、民衆に悪く思われることをいう。これは古代ローマ時代の歴史学者・タキトゥスの言葉で、一般的には、政府に対する信頼が失われているときには、真実も嘘も、また良いことも悪いことも、すべて嘘で悪いことであると見なされることを指している。

（2）中国の社会主義政治制度と市場経済とに根元的な違いがあるかどうかを問うている。
（3）力が働かない限り、物体がその運動状態を持続する性質のこと。ここでは仮の表現として使用する。
（4）近年、ハーバード大学の教授、ノア・フェルドマン氏が『涼戦―世界競争の未来―（*Cool War: The Future of Global Competition*）』という本を出版した。前世紀の末、冷戦は西側の決定的な勝利で終わったように思えるが、ノア・フェルドマンは、私たちは今、グローバルな闘争の新しい時代、「涼戦」の時代に入っていると述べている。冷戦時代が地政学的優位性をめぐる二つの超大国の競争であるのに対して、新しい涼戦時代の争いは、支配、同盟および資源の面での米国と新興国間の競争であるという。この種の紛争はすでにアジアで見られ、中東（米国主導のイスラエルと中国・ロシア主導のイランの間の紛争）、アフリカ、そして世界の他の地域にも広がると言われている。
　この涼戦は前者のゼロサム対決（冷戦）とは根本的に異なる。世界の主要な勢力である米国とその最大の挑戦者である中国は、これまでにないほど経済的に相互依存しているからだ。米国への輸出は中国の貿易のほぼ四分の一を占め、中国政府は依然として米国財務省債の八％を保有している。この積極的な相互依存は、両国、両国の企業、そして国際機関に広範囲に及ぶ影響を及ぼす。典型的で、複雑かつ矛盾極まるこれら二つの大国間の競争関係を理解するには、フェルドマンの鋭く厳格な分析が特に必要となるだろう。

第4章　周辺アジアから見た沖縄人《ウチナーンチュ》アイデンティティ

林　泉忠

1　沖縄のアイデンティティを見る視点

沖縄社会のアイデンティティ「問題」は、過去一四〇年以上語られ続けてきたテーマで、いまだ進行中のテーマです。また、沖縄人《ウチナーンチュ》としてのアイデンティティをどう捉えるべきかは、決して簡単な作業ではありません。この講義では、現実問題からの視点と歴史からの視点を用いて、沖縄のアイデンティティ「問題」の存在とその特徴を整理し、比較の視点が必要なことを指摘します(1)。

沖縄が日本へ復帰してからすでに半世紀近い歳月が経過しました。この時代を振り返ると、沖縄県民が抱えてきた最も重要な課題は次の三つに集約できます。一つは基地問題で、もう一つは経済の自立問題、そして教科書などの「歴史問題」です。注目すべきは、基地問題や経済の自立問題ないし歴史問題が、沖縄に対する住民の強い帰属意識と複雑に絡み合っていることです。

基地問題は沖縄社会が期待した「核抜き、本土並み」という復帰観を〝裏切った〟形で、復帰後の沖縄県民の「祖国」への不信感の高まりの要因となりました。そして基地問題の恒久化と県民の長期に亙る反発により、ポスト返還期における沖縄と本土の一体化を阻む材料となり、県民の「祖国」との心の距離が残されてしまうことになりました。基地問題と沖縄人アイデンティティの絡み合いの例として、一九九五年九月に発生した米兵による少女暴行事件で再燃した基地反対運動の高揚と、それによる「独立」気運の高まりが挙げられます。これは、沖縄が復帰以来日本本土のマスコミに最も注目された時期でもありました。民衆の大規模デモや「象のオリ」での抵抗、そして大田知事の「代理署名拒否」の報道とともに、朝日テレビやTBSテレビは「沖縄独立」をテーマとする番組を制作し、『世界』や『金曜日』、そして『ニューズウィーク』（日本版）も特集号を組みました。マスコミの報道というのは若干誇張する側面をもっているものなのでしょうが、一九九〇年代半ばに高まりを見せた基地反対運動は、確かに多くの沖縄住民の「ウチナーンチュ意識」を刺激し、日本との距離感を増幅させた現象でした。

他方、復帰後の沖縄社会が抱えてきたもう一つの重要課題は経済の自立です。復帰後の沖縄は念願の「祖国」との一体化が経済の面でも進み、また本土と沖縄との格差を縮小するために、政府からの財政支援も長期にわたり行われてきました。このような国への経済的依存を背景に、一九九〇年代に入って大田県政の頃になると、「自立」が「平和」・「共生」とともに県の掲げるビジョンとなりました。(2) もちろん沖縄の自立心を支えているのは、ウチナーンチュの自尊心にほかならないと言えますが、加えて沖縄住民が期待する沖縄の「自立」は単なる経済的自立を意味するのではなく、高度な自治という政治的レベルのものも含まれています。(3)

このようにして、一九七二年の日本復帰以来、沖縄が抱えてきた最も重要な課題のいずれもが、沖縄人アイデンティティと密接に関わっているのですが、これを逆の角度から見ると、沖縄人アイデンティティには、「基地問題」や「自立問題」を生み出したり、あるいは強化したりする側面が存在すると見ることも可能でしょう。さらに進んで見れば、いわゆる構造的な「沖縄問題」の核心は、沖縄のアイデンティティをめぐる問題でもあると捉えていくこともできます。

沖縄のアイデンティティ「問題」の由来を考える場合、一八七九年の明治日本の強制的琉球併合に遡ることができます。(4) 実際、過去一四〇年間の沖縄社会の歴史は、ある意味で、沖縄がいかに「日本《ヤマト》」と付き合うべきか、沖縄の住民は日本人か沖縄人かというようなアイデンティティをめぐる葛藤の歴史でした。そしてこの一四〇年ほどのアイデンティティの葛藤史を振り返ると、実にユニークな変遷を見せていることがわかります。

その特徴として、時には沖縄人の主体性を強調したり、時には日本人アイデンティティを表明したりといった反復性をあげることができます。まず、「琉球処分」前後から日本の琉球支配に反対するエリートたちを中心に、いわゆる「復国運動」(「救国運動」もしくは「脱清運動」とも称す)が展開されました。[5]ところが、日清戦争における中国の敗北で琉球を救援することが不可能であることが明らかになると、[6]今度は沖縄社会のほうから「日本人になろう」と日本への同化運動に積極的に没入していくことになりました。しかしそのあと悲惨な「沖縄戦」を経て終戦を迎えると、県内の政党を中心にいわゆる「独立論」が活発になりますが、[7]米軍基地建設と米国の沖縄支配の恒久化などを背景に、沖縄社会では一九五〇年代から「祖国復帰」を掲げる大衆運動が大きな広まりを見せます。そしてついに復帰が現実のものとなりつつあった六〇年代末頃から、一部の人々のあいだに「反復帰論」が登場することになります。[8]このようにして「琉球処分」以来、沖縄の住民は「沖縄人《ウチナーンチュ》」か「日本人」かの間で絶えず躊躇し葛藤してきたのです。

しかし、アイデンティティの問題は沖縄社会に限ったものではありません。沖縄の周辺に類似したケースはいくつも存在するのです。言い換えれば、沖縄のアイデンティティの本質を理解するには、沖縄以外の周辺アジアからの視点も必要ということでしょう。

2 「辺境東アジア」アイデンティティの類似性

前節の「沖縄のアイデンティティを見る視点」において、現実問題の視点から、沖縄の「基地問題」と「自立問題」に絡み合ってきた沖縄人アイデンティティの存在を指摘しつつ、歴史の視点から沖縄の住民が「沖縄人」と「日本人」の二項軸において躊躇してきたアイデンティティの葛藤史を振りかえって、沖縄のアイデンティティの特徴を見てきました。本節ではもう一つの視点、すなわち比較の視点から沖縄のアイデンティティ問題を考察してみたいと思います。

単刀直入に言いますと、沖縄のアイデンティティ「問題」は、決して孤立したケースではありません。沖縄に最も近い地域にはすでにそっくりなケースがいくつも存在しています。台湾、香港、そして、マカオなどでこうしたケースを見ることができるのです。台湾では、一九八〇年代後半からの社会的自由化と政治的民主化のスタートに伴って、これまでタブーだった「本省人」（戦前から台湾に住み着いた人々）と「外省人」（戦後初期に台湾に移住した人々）の軋轢として、いわゆる「省籍矛盾」というエスニックな問題が表面化すると同時に(9)、中国の対台湾政策の影響に加え、一九九〇年代からいわゆる「台湾ナショナリズム」が高揚する傾向が見られるようになってきました[10]。二一世紀に入ってから、とりわけ中国の台頭に伴って、「台湾」か「中国」か、「台湾人」か「中国人」か、というようなアイデンティティ問題の一層の政治化が、「台湾ナショナリズム」対「中国ナショナリズム」の構図をより明確にしたのです。

一方、香港とマカオでは、戦後中国との長期的交流の中断による独自のアイデンティティ形成という条件の下、一九八〇年代からの中国本土との交流再開と返還問題からくる刺激によって、本土の人々と異なった「われわれ」意識が生まれました。香港では「香港人」、マカオでは「マカオ人」という新生アイデンティティが誕生したのです。ちなみに、これまでの香港とマカオ住民のもつアイデンティティは、中国本土の出身地という地縁に基づいた帰属意識によるものが一般的でした。例えば、「台山人」、「潮州人」、「福建人」、「上海人」などです。それが返還の前後から出身地の違いによるエスニシティの分類はだいぶ弱くなり、代わって中国本土と区別するために「香港人」や「マカオ人」という言い方の方が定着することになりました[11]。

このように台湾、香港、マカオ、そして沖縄のアイデンティティの基本的構図は、地元対「祖国」、地元への帰属意識対「祖国」が求める国家意識という対比関係に依拠していると言えます。すなわち沖縄では「沖縄人」対「日本人」、台湾では「台湾人」対「中国人」、香港では「香港人」対「中国人」、そしてマカオでは「マカオ人」対「中国人」ということです。

ところで地元への帰属意識というものは、本来文化的またはエスニックなレベルのものであるのに対し、国家もしくは国民意識はナショナルなレベルのものであり、次元の異なる帰属意識であるため両者は必ずしも矛盾せず、衝突もしないはずです。問題は、「沖縄人」や「台湾人」、「香港人」、「マカオ人」といった意識は、「四川人」・「山東人」あるいは「大阪人」とは違って単純な地方の文化的アイデンティティではなく、多かれ少なかれ政治性を帯びた帰属意識なのであり、一種のナショナリズムまたは準ナショナリズムを形成することがある、ということなのです。この文化的アイデンティティ内の潜在的政治性は、香港の「雨傘運動」(二〇一四年)や「反逃亡犯条例運動」(二〇一九年)のように、いったん表出すると、政治的自立を要求したりすることになります。政治性の程度こそ若干異なりますが、「沖縄人」、「台湾人」、「香港人」、「マカオ人」というアイデンティティはこうした共通の性格を持っているのです。

また「沖縄人」、「台湾人」、「香港人」、「マカオ人」という四つのアイデンティティの共通性は、その政治的性格上の特徴だけではありません。そもそもこの四つのアイデンティティは、生成に関わる類似の契機をも共有しています。この起因は何かというと、それぞれの歴史的経験に共通する、主権あるいは帰属の変更とその帰結としての「異民族」支配であった、ということができます。

それぞれのケースを見ていきましょう。沖縄の経験してきた「異民族」の支配、もしくは帰属の変更については、一六〇九年の薩摩の琉球侵攻とそれ以降二七〇年に及ぶ経済的搾取と政治的干渉にまで遡ることもできるのですが、より重要なのは、近代以降の一八七九年の日本による併合と一九四五年以後の米国の統治時代、そして一九七二年の日本への返還でしょう。台湾も、これとよく似た経験をしています。日清戦争の末、台湾は一八九五年に中国（清）から日本に割譲されました。そして五〇年間の「日本人」（もしくは「日本国臣民」）としての経験を経て、一九四五年に今度は「祖国」の中国に復帰したのです。

また香港は一八四二年の阿片戦争の帰結として英国の植民地となり、マカオも四百年前の西洋の東アジア侵出によってもたらされた一連の段階を経てポルトガルの植民地となりました。そして香港とマカオはついに「最後」の「帰属変更」として、一九九七年と一九九九年に中国に復帰したのです。

このように「沖縄人」、「台湾人」、「香港人」、「マカオ人」に共有する主権もしくは帰属の変更[12]、そして「祖国復帰」といった出来事は、「異民族」からの文化の移植を伴うものでした。このような社会の文化的構造の変遷は、そのつどこの四つの地域住民のアイデンティティ形成に大きな影響を与えてきたのです。ちなみに、私はこうした共通点をもつ沖縄、台湾、香港を包括して、「辺境アジア」という地域研究のための新たな概念を提出しています[13]。

3　アイデンティティの比較——台湾と沖縄——

沖縄におけるアイデンティティ問題の構造をより深く理解するには、沖縄域内、もしくは沖縄と日本の関係性の視点だけでは不十分です。沖縄と日本以外との比較も重要なのです。ここからは沖縄のアイデンティティ問題の構造について、「台湾と沖縄」、そして「香港と沖縄」という比較の視点から、その異同を考えていきたいと思います。それにあたって私が二〇〇五年から二〇〇七年にかけて沖縄・台湾・香港・マカオにおいて行った住民のアイデンティティに関するアンケート調査、とりわけ二〇〇七年の結果を参考にしたいと思います[14]。この三年間連続して四つの地域で同時に行われた比較調査[15]は、それぞれの地域におけるアイデンティティの現状を把握すると同時に、その要因を探るために行ったものです。この調査では同一の質問を設定して、それぞれの文化的・地域的帰属意識（エスニック・アイデンティティ）と政治的・国家的帰属意識（ナショナル・アイデンティティ）を考察の対象としました。

その結果、「あなたは何人ですか」と問う質問と「独立」の是非を問う質問への回答を見ると、地元への愛着度つまり文化的共同体意識・エスニックな帰属意識の強さの順は、台湾、沖縄、香港、マカオとなり、また地元意識の政治化（政治的自立意識）の高さは、台湾、香港、沖縄、マカオという順でした。

この二つの結果から分かったことは、地元への愛着度から観ても、または地元意識の政治化から観ても、トップを占めているのは台湾だということです。ところで台湾は沖縄に最も近い「外国」で、近代史を見る限り、沖縄も台湾も明治維新後の大日本帝国が新たに獲得した領土で、両地域の住民は終戦まで日本国天皇の臣民でしたし、帝国政府が両地域で行った旧慣の廃止と新文化の移植を特徴とする同化政策の内容も方法もほぼ一様でした。このようにさまざまな面で沖縄に最も〝近い〟台湾の今日抱えるアイデンティティ問題は、沖縄にとってどのような啓示をもたらしてくれるのでしょうか。

台湾と沖縄の調査結果を比べて最も興味深いのは、両地域住民の政治的自立意識の差です(16)。というのも台湾では「もし中国政府が台湾住民に台湾の将来を自由に決めることを許すならば、台湾は独立すべきだと思いますか」という質問に対し(17)、「台湾は独立すべきだ」と答えた人は五五・四％だったのに対して、沖縄では「もし日本政府が沖縄住民に沖縄の将来を自由に決めることを許すならば、沖縄は独立すべきだと思いますか」という同趣旨の質問に「沖縄は独立すべきだ」と回答した人は二〇・六％にとどまり、「独立すべきではない」の六四・七％より遥かに少なかったからです。台湾の人口の九八％は民族的に中国本土と同一の漢民族であるはずなのに、大多数の台湾住民が中国からの独立を求める理由は何でしょうか。逆に民族的に、

表4－1　沖縄・台湾・香港・マカオ住民のアイデンティティ構造の比較（2007年）

（%）

	沖縄	台湾	香港	マカオ
沖縄人（/台湾人/香港人/マカオ人）	41.6	53.0	21.2	12.4
日本人（/中国人）	25.5	3.1	21.7	31.0
沖縄人で日本人（/台湾人/香港人/マカオ人で中国人）	29.7	40.0	56.3	55.8
その他	3.2	3.8	0.7	0.8

（注）①沖縄での質問は，「あなたは、沖縄に住む住民は沖縄人だと思いますか，日本人だと思いますか？」。

②「その他」は，分からない，難しい，無回答を含む。

表4－2　「独立」の是非をめぐる沖縄・台湾・香港・マカオ住民意識の比較（2007）

（%）

	沖縄	台湾	香港	マカオ
独立すべき	20.6	55.4	25.0	18.6
独立すべきではない	64.7	17.4	64.7	69.7
地元住民が決めるべき	0.8	4.6	4.6	1.2
その他	14.0	22.6	5.7	10.5

（注）①沖縄での質問は，「もし日本政府は沖縄住民に沖縄の将来を自由に決めることを許すならば，沖縄は独立すべきだと思いますか？」。

②調査には，「もし日本政府/中国政府が認めなかった場合」のような質問も設けている。

③「その他」は，分からない，難しい，無反応を含む。台湾の調査は，「現状維持」も含む。

④台湾の調査では，「独立すべき」は「台湾は元々独立した国」という意見を含む。

あるいは伝統文化において沖縄と日本本土の差は台湾と中国本土のそれより遥かに大きいにもかかわらず、沖縄で日本からの独立を考える住民が少ない要因は何でしょうか。調査の対象者たち自身の挙げた理由から考察してみましょう。

まず、独立に賛成する台湾の回答者が挙げたいくつかの理由のなかで、最も多かったのは「自立する能力をもっている」で、これが三七・四八％を占めており、「台湾は中国の領土ではない」の九・五二％、および「台湾住民は民族的には中国人ではない」の一・八四％を大幅に上回っています。この結果から分かったことは、民族が同一かどうかは独立への賛否を必ずしも左右せず、むしろ自立する能力が決定的要因になる場合があるということです(18)。

次に、沖縄の回答者の挙げた理由を見ると、「独立すべき」と答えた人のうち「沖縄の政治的・経済的・社会的状況や歴史的経験が日本本土と同じではないから」という意見が五六％を占めていて、もっとも多いことが分かります。次に多いのは「沖縄住民は自立する能力をもっているから」の一六・二％です。ちなみに、九・一％が「沖縄住民は民族的に日本人ではない」、五・四％が「沖縄は日本の領土ではない」と回答しています。一方、「独立すべきではない」と答えた人たちの間で理由として最も多かったのは「沖縄は自立する能力をもっていない」で、これは四三・四％を占めています。

表4－2にある調査結果を見ると、独立の是非をめぐる地元意識の政治化の度合いにおいて、

台湾と沖縄間は確かに大きく違っていますが、主流の意見としては、沖縄住民の独立に反対する理由が「自立する能力」を持つかどうかに掛かっていることが分かります。言い換えると、もし台湾の人たちが自立の能力を持っていないと感じているなら、独立を求める人は少なくなる、と言えるでしょう。また反対に、いったん沖縄が自立する能力を持つようになれば、独立を求める沖縄住民が大幅に上昇することが十分考えられるのです。

4 アイデンティティの比較――香港と沖縄――

台湾と違ってマカオは日本に占領されたことはありませんし、香港は三年八カ月の日本による占領期間を除いて日本の植民地であったことはなく、[19]西洋の植民地でした。しかし先ほど申し上げたように、「異民族」による支配の経験や「祖国復帰」の経験の点から考えて、沖縄と共通するものは少なくありません。とりわけ返還後の香港とマカオで実施されている「一国二制度」という擬似連邦制の国家システムが、中華圏以外の地域のなかで最も積極的に議論されてきたのは、ここ沖縄でした。沖縄社会が「自立」の道を探っているように思えるとしたら、それはかつて強く求めた本土との一体化よりも、むしろ返還後の香港やマカオのような高度な自治を希望するからです。以下に香港を中心に、国民統合やアイデンティティをめぐる問題について、沖縄との比較を試みたいと思います。

先ほどの二〇〇七年秋の比較調査の結果を見ますと、沖縄住民の地元愛着度は香港のそれより高いことを示す一方、相似する点も多く見られることが分かります。まず沖縄の調査では、「あなたは、沖縄に住む住民は沖縄人と思いますか、日本人と思いますか」という質問に対し、四一・六％の人たちが「沖縄人」、二五・五％が「日本人」、二九・七％が「沖縄人で日本人」と答えています。一方、香港の調査で同趣旨の質問として「あなたは香港に住む住民は香港人と思いますか、中国人と思いますか」と尋ねたところ、二一・一％の人たちが「香港人」、二一・七％が「中国人」、そして五六・三％が「香港人で中国人」と回答しています。つまり、この二つの社会それぞれの帰属意識はおもに「沖縄人で日本人」、「香港人で中国人」という複合的アイデンティティであることが理解できます。

両地域のアイデンティティ意識におけるもう一つの共通点としては、国家よりも地元への愛着度が顕著に高いことが挙げられます。しかし同時に「日本人」や「中国人」という意識は民族のレベルを超えて国家的レベルのアイデンティティ要素を含んでいるため、両者は必ずしも矛盾せず、先のデータは地元への愛着度を正確に示しているとは限りません。そこでこの不足を埋めるために、角度を変えて別の質問も用意しました。スポーツ観戦における応援の仕方から見た地元への愛着度です。表4－3が示しているのは、両地域における地元への愛着度の強

表4－3　スポーツ試合の応援から見た沖縄・台湾・香港・マカオの地元愛着度の強さ（2007年）

（%）

	沖縄	台湾	香港	マカオ
地元チームを応援する	93.8	88.3	65.8	42.0
国のチームを応援する	3.7	1.0	16.6	35.8
どちらも応援する	0.9	1.8	9.4	17.5
どちらも応援しない	0.6	2.8	1.9	1.0
その他	1.0	6.1	6.2	4.8

（注）①沖縄での質問は,「スポーツの試合で，もし沖縄チーム（仮定）と日本チームと対決する場合，あなたはどちらのチームを応援しますか？」。
②「国のチーム」について，台湾･香港･マカオの調査では,「中国チーム」になっている。
③「その他」は，分からない，難しい，無反応を含む。

さです。すると沖縄では「沖縄チームを応援する」ものが九三・八%に対し、「日本チーム」を応援する人々はわずか三・七%にとどまり、香港においても同様に「香港チームを応援する」という人たちが六五・八%を占め、「中国チームを応援する」の一六・六%を大幅に上回っていることが分かります(20)。

また、独立の是非に関する質問の結果を見れば、独立反対の占めているパーセンテージは両地域ともほぼ同様で、沖縄は六七・七%、香港も同様の六四・七%です。一方、独立に賛成するパーセンテージは両地域で若干異なっています。沖縄の二〇・六%より香港の二五・〇%の方が高いことが分かります。沖縄の地元愛着度は香港より高い一方、独立に賛成するものは少ないという興味深い結果となりました。このデータは、地元への高い愛着度は必ずしも地元の政治的自立志向に直結しないことを示しています。この現象をどう説明すればいいのでしょうか。

台湾のケースと同様、ここでも自立の是非はその能力にかかっている、と説明することができると考えます。具体的に見ると、独立に反対する沖縄の回答者のうち四三・四%が挙げた最も重要な理由は「沖縄は自立する能力をもっていない」ということでしたし、香港の独立に賛成する回答者においても、二八・八%が「香港は自立する能力をもっている」という理由を挙げています。(21)

いずれにせよ、アイデンティティの形成の要因（異民族支配や「祖国復帰」）にしても、また複雑なアイデンティティの構造にしても、香港と沖縄は多くの共通点を共有しています。もちろん両地域住民が今日もっているエスニック・アイデンティティとナショナル・アイデンティティの強さは、完全に一様なものではありません。その若干の違いを左右している状況として考えられるのは、「祖国復帰」を歓迎するかどうか、復帰の決定過程において住民がどの程度参加できたか、そして最も重要なこととして復帰後の国の政策を地元の住民が受け入れているかどうか、などでしょう。(22)

香港と沖縄がそれぞれ「祖国」に復帰してから、中央政府は国民統合に力を入れて、教育などを通して本土との一体化を強めてきました。にもかかわらず、両地域は今日に至っても依然として政治性を帯びた地元意識を強く保持しています。返還一七年目を迎えた二〇一四年に香港では普通選挙の要求をめぐって「雨傘運動」が起き、さらに返還二二年を迎えた二〇一九年にも「逃亡犯条例」をめぐる史上最大規模の反対デモが発生したことからも理解できるとおり[23]、また一九九〇年代半ばの基地問題や近年の普天間基地の辺野古への移転をめぐる沖縄の住民と日本政府の激しい衝突にも示されているように[24]、「辺境東アジア」地域住民の抱えるアイデンティティ「問題」は、地元固有の社会問題というよりも「祖国」が直面しなければならない国民統合の問題なのです。

【注】

（1）本章の内容の一部は、次の文献に基づいている。林泉忠（二〇〇四年七月五〜八日）「沖縄人アイデンティティー——比較の視点から——」（一）（二）（三）（四）『沖縄タイムス』を参照されたい。

（2）大田県政は「フリーゾーン全県化構想」をはじめとする経済の自立に限らず、全面的に「自立」を掲げていたため、「自立県政」と称すべきであろう。

（3）大田知事の「自立県政」は沖縄県民の主流が望んでいる方向性と合致していたため、一九九〇年代沖縄社会の「自立運動」は、「官民一致」の性格を濃厚に帯びていたと捉えられよう。

（4）「琉球処分」は「処分」する側である明治政府が用いた政治的用語のため、本章においては、それを括弧付きで用いるか、より中立的な表現として「琉球併合」を使用する。

(5)「琉球復国運動」については、林泉忠（二〇〇三年）「『琉球抗日復国運動』再考—時期区分と歴史的位置付けを中心に—」『政策科学・国際関係論集』第六号、琉球大学法文学部、五九～一一五ページ、などを参照されたい。

(6)日清戦争終結後、抵抗主流派（頑固党）と協力非主流派（開化党）が団結して、日本の沖縄に対する主権を容認しつつ、沖縄の自治を求める「公同会運動」（末代国王の尚泰を県知事にすると同時に世襲制を提唱する）を起こすことを試みたが、失敗に終わった。

(7)林泉忠（一九九八年）「戦後初期沖縄諸政党の独立論—失敗した民族主体性回復の試み—」『沖縄関係学研究論集』第四号、六三～七六ページ、を参照。

(8)沖縄復帰運動のアイデンティティの動きに関しては、林泉忠（二〇〇四年）「沖縄アイデンティティの十字路—「祖国復帰」と「反復帰」のイデオロギー的特徴を中心に—」『政策科学・国際関係論集』第六号、二〇〇四年、三五～六六ページ、などを参照されたい。

(9)「省籍矛盾」の長期化は、主な原因として、台湾権力中枢における本省人排斥の現象があったことが挙げられる。林泉忠（一九九八年）「台湾政治における蒋経国の「『本土化』政策」試論（一九七二～一九九二）」『アジア研究』（アジア政経学会）四四巻第三号、六五～九五ページ。

(10)台湾ナショナリズムの特徴については、林泉忠（二〇〇八年）「台湾におけるアイデンティティ政治の特徴—創造・想像・記憶が交錯する『近代性』—」アジア政経学会監修、竹中千春ほか編『現代アジア研究　第二巻　市民社会』、慶應義塾大学出版会、一八七～二一六ページ、を参照されたい。

(11)林泉忠（二〇〇〇年）「『香港人』とは何か—戦後における『香港共同体』の成立から見た新生アイデンティティの性格—」『現代中国』第七四号、九八～一一六ページ。

（12）戦後二七年間に亙る米国の沖縄支配は、主権ではなく「行政権」の獲得によるものであった。

（13）林泉忠（二〇〇四年）「『辺境東アジア』―新たな地域概念の構築―」『国際政治』第一三五号、日本国際政治学会、一三三～一五二ページ。

（14）本調査は学術振興会の科研費を獲得し、また琉球大学法文学部、国立政治大学選挙研究センター（台湾）、香港大学民意研究計画の研究チームの協力によって、二〇〇五年～二〇〇七年一一月に四地域同時に行った。ちなみに、マカオの調査は香港大学が担当した。調査の対象は一八歳以上の現地住民、集めた有効サンプルは地域毎に一〇〇〇強であった。

（15）調査の全容の紹介や結果の分析については、林泉忠（二〇〇九年）「沖縄住民のアイデンティティ調査（二〇〇五～二〇〇七）」『政策科学・国際関係論集』第九号、一〇五～一四七ページ、を参照されたい。

（16）「自立」は「独立」よりも比較的に幅広く用いられる概念であり、政治的独立に限らず、「自治」などの意味も含む。

（17）台湾では、一九九〇年代以降、独立の是非をめぐる調査は多く行われてきた。しかし、中国は台湾の独立の動きに対し厳しい姿勢を採り、武力行使を辞さないと明言してきた。そのため、戦争を恐れる多くの台湾住民は、「独立」への賛成の意思表明を控えている。当該設問はこのような背景を意識したものである。

（18）該当調査の詳細および全容に関しては、林泉忠（二〇〇九年一二月）『科研費成果報告書「辺境東アジア」住民のアイデンティティをめぐる国際比較調査研究―沖縄・台湾・香港・マカオ―』（平成一七～一九年度文部科学省科学研究費補助金　基盤研究Ｂ（海外）、課題番号：１７４０２０１２）を参照。

(19) 一九四一年一二月の「真珠湾攻撃」の後、日本軍が中国本土から南下して最初に占領したのは、香港だった。マカオは日本の占領を免れた。

(20) 香港は中国に返還された後も、独自のチームで五輪に参加してきた。沖縄は一般に独自のチームで国のチームと対戦することはないが、香港の例を参照し「もしも」という仮定の下での設問であった。

(21) 前掲書、林泉忠(二〇〇九年一二月)。

(22) 林泉忠(二〇〇五年)『「辺境東アジア」のアイデンティティ・ポリティクス―沖縄・台湾・香港―』明石書店、二〇〇五年。

(23) 香港において起きた「雨傘運動」や「反逃亡犯条例デモ」をはじめ、香港社会と香港政府および中国政府との衝突については、林泉忠(二〇二〇年)『「中国人」とは誰なのか―台湾人と香港人のアイデンティティー―』明石書店、を参照されたい。

(24) 沖縄社会のアイデンティティ形成に関しては、林泉忠(二〇一九年)「沖縄アイデンティティの形成と変遷」『沖縄から問う東アジア共同体―「軍事のかなめ」から「平和のかなめ」へ―』花伝社、四三~六三ページ、などを参照。

第5章　アジアのダイナミズムと沖縄の発展

比嘉正茂

本日は「アジアのなかの沖縄」という視点から、沖縄県の経済について考えてみたいと思います。はじめに国内の経済社会構造の変化が沖縄県経済に与える影響について解説いたします。その後、海外、とりわけアジア経済圏に目を向けて、アジア地域の経済発展についてお話しいたします。そして最後にアジアのダイナミズムと沖縄の発展可能性について、課題や展望を述べていきたいと思います。

1　転換期を迎える日本の経済社会構造

1　人口減少時代の到来、少子高齢化

わが国は、二〇〇八年頃から長期の人口減少局面に入ったとされています。二〇一八年現在、

人口が増加している地域は、四七都道府県のうち東京、沖縄、埼玉、愛知、千葉、神奈川、福岡の七都県しかありません。他の四〇道府県はすべて人口が減っています。また、この七都県をみますと、沖縄県以外はすべて大都市です。つまり、現在の日本は、総人口が減っていくなかで大都市圏のみ人口が増えているという状況です。国立社会保障人口問題研究所によれば、わが国の総人口は二〇四〇年代に一億一〇〇〇万人、二〇五〇年代に九九〇〇万人、そして二〇六〇年代には八八〇〇万人程度まで減少すると予測されています。もちろん、沖縄県についても、近い将来に人口減少局面を迎えることが予想されます。

人口減少時代を迎えるなかで、人口構造も変化しています。二〇一七年現在、わが国の高齢化率は二七%ですが、これが二〇三〇～四〇年代には三一%～三五%に、二〇五〇～六〇年代には三八%～三九%程度になると予測されています。他方、少子化の進展について目を向けますと、現在一四歳以下の年少人口は約一五〇〇万人ですが、これが二〇二〇年代後半には約一三〇〇万人、二〇三〇年代後半には約一一〇〇万人、二〇四〇年代後半には一〇〇〇万人程度にまで減少します。少子高齢化や人口減少社会が引き起こす問題は多々ありますが、増田寛也氏は、こうした人口減少社会が直面する問題として「自治体消滅」の可能性を指摘しています。増田氏の分析によれば、現在の人口移動（大都市圏への流入）を前提とした場合、将来的には八九六の自治体が消滅する可能性があると指摘されています（増田寛也、二〇一四、二九ページ）。

図5−1　　人口減少が地域経済に及ぼす影響

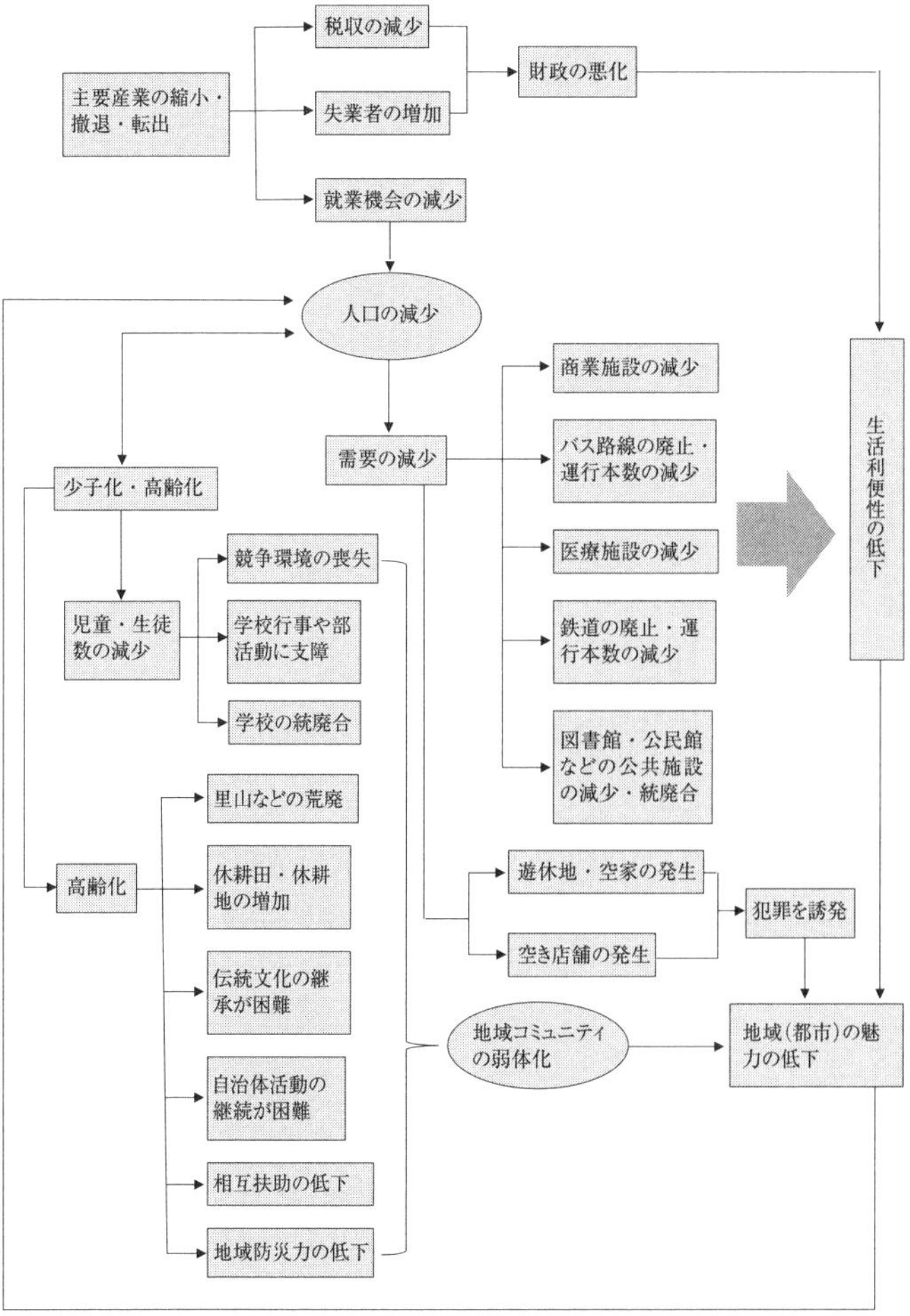

（出所）　平修久『地域に求められる人口減少対策』聖学院大学出版会，2005年，72ページを加工して作成。

2　人口減少が地域経済に与える影響

人口減少が地域経済に与える影響については、さまざまな議論がありますが、ここでは人口減少がもたらす負の側面について紹介したいと思います。図5-1は、人口減少が地域経済に与える影響を示したものです。

同図で示されていますように、人口が減少すると当該地域内の需要が減少します。域内の需要の減少は、商業施設や医療施設、公共施設等の減少をもたらすため、結果として当該地域の生活利便性の低下に繋がります。また、少子化の進展による児童・生徒の減少は、部活動や学校行事等に支障をきたすだけでなく、学校の統廃合を促進することになり、それが地域コミュニティの弱体化を引き起こす可能性があります。加えて、高齢化が進めば、空き家や休耕地等の増加や相互扶助・地域防災力の低下を招き、そのことがまた地域コミュニティの弱体化へと繋がっていくかもしれません。このように、その地域の生活利便性の低下・地域コミュニティの弱体化が進めば、その地域に住む人がさらに少なくなっていくという「負のスパイラル」が続いていく可能性があります。

現在、沖縄県においては、人口減少が引き起こす負の側面は顕在化していません。しかし、いずれ沖縄県でも人口が減っていきますので、今から人口減少社会への対策を考えないと、先述したような「負のスパイラル」に陥る可能性があります。地域社会において、一度衰退が始まると、その衰退の流れを止めることは難しいと考えられます。

このように、人口減少や少子化・高齢化等の影響によって、今後国内の経済社会構造は劇的に変わっていきます。そうした状況のなかで、沖縄県の振興開発の方向性や望ましい地域発展のあり方について考える必要があります。そしてその発展の方向性として、成長著しいアジア地域に目を向けて、アジアのダイナミズムを取り込むかたちで、これからの沖縄の経済発展を考えていくことが重要ではないかと思います。

2　躍動するアジア

表5－1は、世界全体のＧＤＰ（国内総生産）ならびにアジア新興国のＧＤＰとその世界シェアが示されています。この表をみてもおわかりのように、アジア地域の対世界ＧＤＰシェアは年々上昇しておりまして、二〇一八年現在、世界のＧＤＰ総計の三一・九％をアジアの国々が占めています。そのアジア地域のＧＤＰシェアが二〇二〇年には二四・六％に、そして二〇二三年には二六・九％に上昇すると予測されています。また、この表には掲載されていませんが、アジア地域の世界ＧＤＰシェアは、二〇四〇～五〇年代には五〇％程度になるという予測もあります。

表5－1　アジア地域における対世界 GDP シェア

（単位：10億ドル）

	2016	2017	2018	2019	2020	2021	2022	2023
世界 GDP	75,485	79,865	87,505	92,734	97,789	103,030	108,523	114,353
アジア新興国	16,142	17,491	20,031	22,036	24,044	26,138	28,368	30,791
GDP シェア	21.4%	21.9%	22.9	23.8%	24.6%	25.4%	26.1%	26.9%

（注）アジア新興国は，中国，カンボジア，ミャンマー，ベトナム，インドネシアほか30カ国で構成されている。アジア新興国の構成国についてはIMFを参照。

（出所）IMF, World Economic Outlook Database, April 2018.

つまり、これからはアジア地域全体が経済成長していくなかで、これまで経済規模が小さかった国々が次々に経済発展を遂げていくという、いわゆる重層的な経済発展が見込まれるのです。国別の経済成長率予測（二〇一八年～二〇二三年）をみましても、インドが八%、中国とベトナムは六%、ミャンマーは六～七%、マレーシアは四～五%、タイは三・五%となっていまして、アジア新興国の平均は六%程度となっています。他方で、この間の先進諸国の経済成長率予測は一・五～二%程度です。そのなかでも日本の経済成長率は〇・五～一%程度でしかありません。このように、日本や他の先進国とアジア諸国を比較すれば、いかにアジア新興諸国の発展可能性が高いかがおわかりいただけると思います。

今後、アジアの国々が重層的に発展をしていくと仮定しますと、経済発展によってアジア地域全体の所得が増大していけば、それはすなわち同地域において中間所得層や富裕層が増えることになります。国の経済発展に伴って家計が経済的に豊かになっていけば、これまで買うことができなかった奢侈財的な商品を購入したり、あるいは海外旅行に行ったりと、これまで以上に経済活動が広がっていくことになるわけです。

先ほど、わが国の人口減少について触れましたが、日本の経済社会構造が今後変化していくからこそ、これからは国内市場だけを考えるのではなく、重層的な発展を続けるアジア地域に目を向けていく必要があるのだと思います。現在、沖縄県ではアジア経済と沖縄県経済を有機的に結びつけるための発展戦略、いわゆる「沖縄県アジア経済戦略構想」を展開していますが、こうしたアジアのダイナミズムを取り込むための発展戦略は、今後益々重要になってくるのではないかと思います。

3　アジアのダイナミズムと沖縄振興

先述したような時代認識に基づいて、ここからは、成長を続けるアジア新興国、拡大するアジア市場を沖縄県経済にどのように取り込んでいくべきかを考えていきたいと思います。

1　沖縄県経済の現状と課題

現在の沖縄県経済は非常に好調でして、入域観光客は九〇〇万人を突破し、完全失業率も三%

図5−2　沖縄県における完全失業率の推移

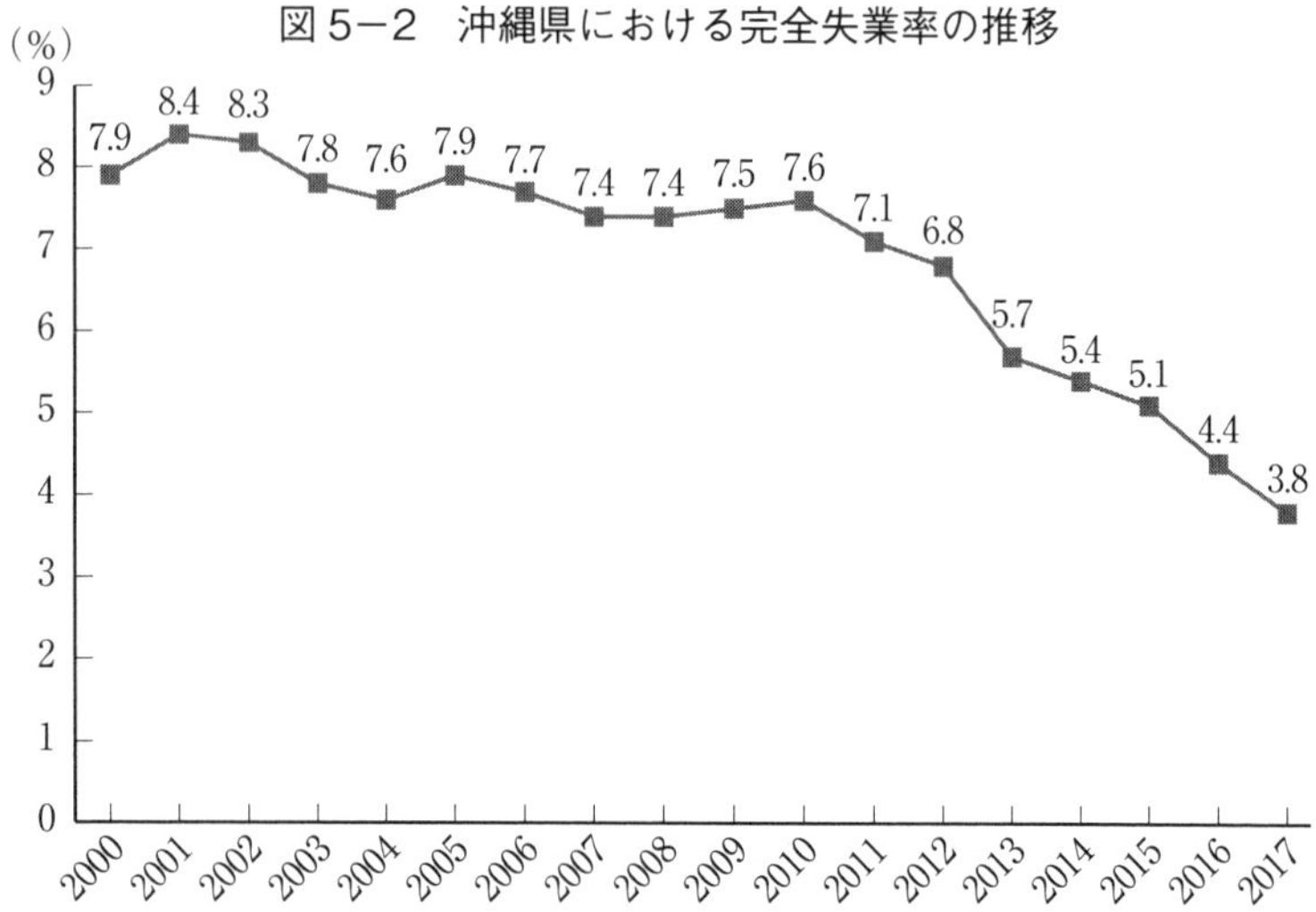

（出所）　沖縄県庁ウェブサイト。

台まで低下しています。図5－2は沖縄県における完全失業率の推移を示したものです。

かつて沖縄県の完全失業率は六～八％台で推移し、全国平均と比較しても常に二倍程度の水準でした。しかし、二〇一三年に失業率が五％台に低下して以降、全国との差も縮小していきまして、二〇一七年には三・八％にまで低下しています。また、有効求人倍率も一・一を超えていますので、業種・職種によっては人手不足が生じている状況です。経済の好調を反映して、県内の土地価格も上昇しています。国土交通省のデータによりますと、沖縄県の地価上昇率（二〇一八年）は全国一位となっています。

好調を続ける沖縄県経済ですが、その一方で課題も山積しています。例えば、一人当たり県民所得は、依然として全国平均よりも低い水準で推移していますし、有効求人倍率が一を超えているとは言っても、その多くは非正規雇用の求人で正規雇用の求人が少ないという現状があります。また、そうした低所得の問題が「子どもの貧困問題」にも繋がっていることは言うまでもありません。親が非正規雇用でかつ低所得であれば、子どもへの教育投資が十分に行えませんので、そのことが将来の職業選択の幅を狭めてしまうことになります。そして学歴や仕事のスキルを身に付けないまま就職をすると、十分な所得を得ることが難しくなりますので、それが結果として次の世代の貧困に連鎖していくことになります。したがって、子どもの貧困問題を改善・解決するためには、短期的には雇用環境の改善を図りつつも、中長期的には県民所得を引き上げていく政策が不可欠になってきます。

また、沖縄県の基幹産業である観光産業についてみましても、入域観光客数は国内観光客と外国人観光客ともに年々増加傾向にありますが、観光客一人当たりの県内消費額は増えておらず、国内観光客の県内消費額は七万二〇〇〇円前後で横ばいの状況です。沖縄県では、入域観光客数一〇〇〇万人が目前に迫っていますが、今後は観光客数の量的な拡大だけでなく、観光客一人当たりの県内消費額を増加させるような方策が求められます。さらに、近年は入域観光客の増加・集中に伴う渋滞や騒音、環境破壊等の弊害が指摘されていまして、県内観光地でのオーバーツーリズム問題が顕在化しつつあります。

2 インバウンドと沖縄の観光

先ほど入域観光客数について説明しましたが、ここでは外国人観光客に焦点をあててお話をしたいと思います。図5-3は、沖縄県におけるインバウンド観光客の推移を示したものです。沖縄における入域外国人観光客数は、二〇〇〇年代初頭は一〇~二〇万人で推移していました。その後二〇一二年頃から増加基調に転じて二〇一四年には八〇万人を突破し、さらに二〇一五年には一五〇万人、二〇一六年には二〇〇万人に到達しました。クルーズ船の寄港数の増加やLCC路線の拡充等もあって、直近(二〇一七年)の外国人観光客数は、約二五四万人となっています。

外国人観光客の一人当たり県内消費額についてみますと、空路で訪問した観光客が約一〇万円、クルーズ等の海路で訪問した観光客が約三万円となっています(二〇一七年度)。同年度の国内観光客の県内消費額が約七万二〇〇〇円ですので、空路で訪問した外国人観光客については、国内観光客に比べて県内消費額が多くなっています。他方で、海路で訪問した外国人観光客については、国内客や空路外国人訪問客と比較しても消費額が極めて低くなっています。沖縄県では、年々外国クルーズ船の寄港数が増加していますが、今後はこうした海路外国人訪問

図5−3　沖縄県におけるおける入域外国人観光客の推移

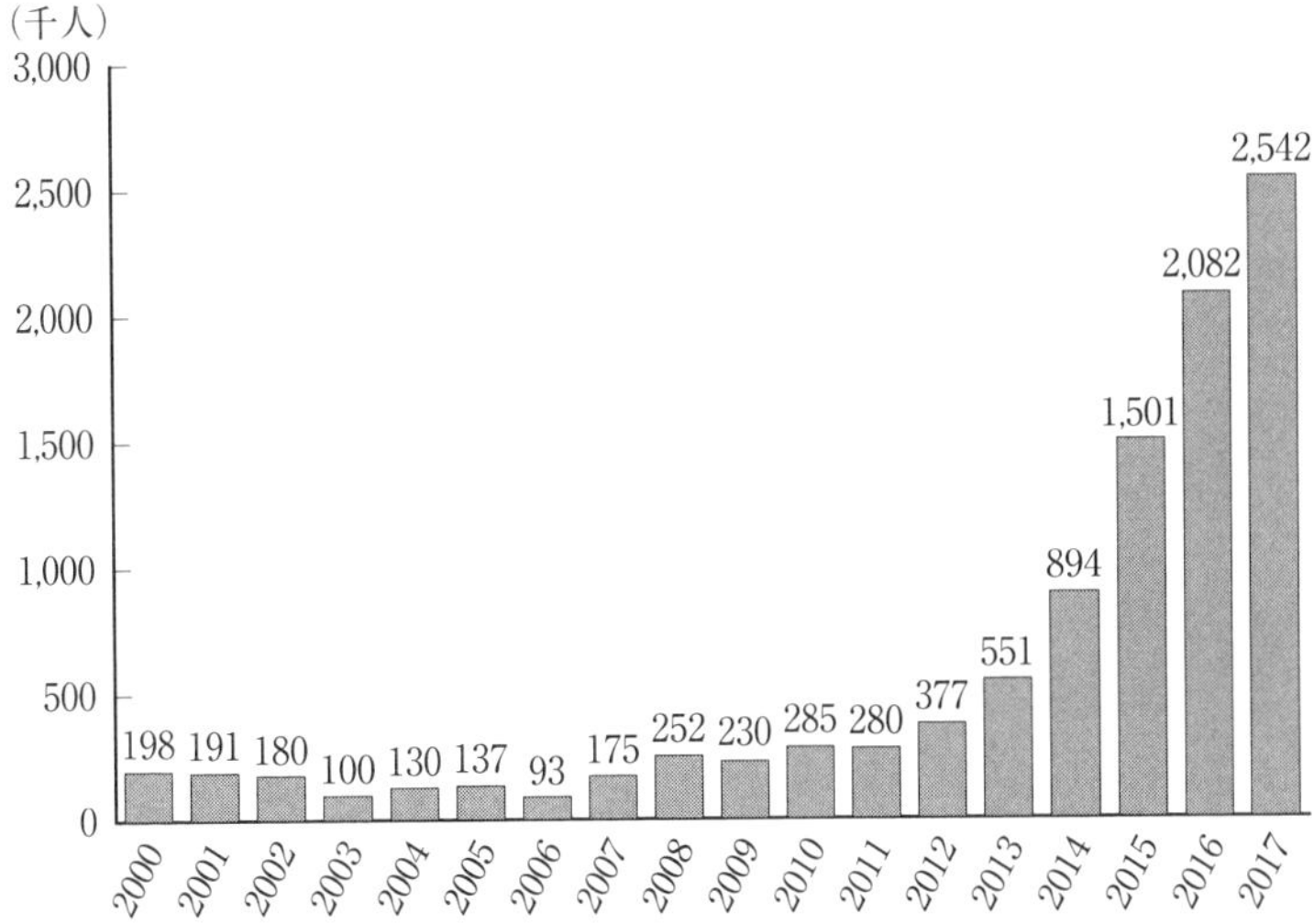

（出所）　沖縄県『観光要覧―沖縄県観光統計集―（平成29年版）』。

客に対して県内での消費を喚起するような方策を考えていく必要があります。また、アジア新興国が急速に発展するなかで、アジア地域においても富裕層が増加していますので、そうしたアジアの富裕層をターゲットにした観光戦略も考えていくべきだと思います。World Wealth Report（二〇一七）によれば、個人資産一〇〇万ドル以上を所有する富裕層は世界全体で一八〇〇万人いますが、そのうちアジア太平洋地域には六二〇万人が住んでいます。富裕層の地域別分布をみますと、アジア太平洋地域（六二〇万人）が世界一位で、次いで北米地域（五七〇万人）となっています。したがいまして、多額の観光消費が期待できるアジア地域の富裕層を沖縄の観光戦略にいかに取り込むかということも、今後のインバウンド観光を考えるうえで重要なテーマになると思います。

3 沖縄県における地域振興策

沖縄県では、わが国の地域振興法の一つである「沖縄振興特別措置法」に基づいて振興策が実施されています。表5－2は、同法に基づいて実施されてきた沖縄振興策の概要を示したものです。一九七二年の日本復帰以降～一九九〇年代において、沖縄県における振興策は「本土との格差の是正」や「自立的発展のための条件整備」を主要な目標に掲げていました。これらの目標を達成するために、約三〇年にわたって社会資本の整備や産業の振興開発等が進められました。しかし二〇〇〇年代に入りますと、沖縄振興の目標が従来の「本土との格差是正」ではなく、日本経済の一翼を担う地域を創造するという視点に変化していきます。この頃から、沖縄県を「日本経済の発展に貢献し得る地域」と位置付けて、アジアに近いという地理的な優位性や沖縄県が持つ独自の自然的・文化的特性を活かした政策へと、沖縄振興に関わる政策の転換がみられるようになります。

沖縄振興特別措置法のもとで実施される振興策は多岐にわたるので、ここですべての振興策を紹介することはできませんが、例えば現行の沖縄振興特別措置法の下では、情報通信産業特

表5－2　沖縄県における地域振興策と地域振興法

名　　称	沖縄振興開発計画（第1次～第3次）	沖縄振興計画（沖縄経済振興21世紀プラン）	沖縄振興計画（沖縄21世紀ビジョン）
根拠法令	沖縄振興開発特別措置法	沖縄振興特別措置法	（改正）沖縄振興特別措置法
計画期間	1972年～2001年	2002年～2011年	2012年～
計画目標	本土との格差の是正 自立的発展の基礎条件の整備	自立的発展の基礎条件の整備 我が国・アジア・太平洋地域の発展に寄与する沖縄の創造	自立的発展の基礎条件の整備 我が国の発展に寄与する新生沖縄の創造

（出所）池宮城秀正編『国と沖縄県の財政関係』清文社，2016年，106ページ。

区や国際物流特区、経済金融特区などの特区制度を活用した施策が展開されています。この特区制度は、アジアのダイナミズムを取り込みつつ地域産業の振興を図るために制定されたもので、事業者が要件を満たせば設備投資に関わる税の優遇措置等を受けることができます。また、観光地形成促進地域や産業高度化・事業革新促進地域などの地域指定制度も設けられていまして、これらの地域に指定された区域内で企業が事業を行う場合、一定の要件を満たせば税の優遇措置を受けることができます。こうした特区制度、地域指定制度の活用によって、県内における種々の産業の集積を図り、さらには海外、とりわけアジア地域への県内企業の進出を支援しようというのが、沖縄県が取り組んでいる地域振興策です。

沖縄県内企業の海外への進出状況ですが、例えばＩＴ関連企業についてみますと、県内二四社が既に海外展開を果たしています（アジアＩＴ人材交流に関するニーズ調査、二〇一六年）。進出先の内訳は、ベトナム（一四社）や中国（六社）、ミャンマー（五社）、台湾（三社）といったアジア地域への進出が最も多くなっていまして、県内のＩＴ関連企業がアジアの活力を取り込むかたちでビジネスを展開している様子が伺えます。ＩＴ関連産業以外にも、例えば琉球ガラスを作っている企業がハノイに工場を建設して琉球ガラスを生産していますし、県産素材を使った健康食品をシンガポールや台湾、ベトナム、フィリピンなどのアジア諸国に輸出している企業もあります。また、泡盛を製造する県内酒造所は、泡盛の世界的な販路拡大を目指して「琉球泡盛海外輸出プロジェクト」を設立して、企業が協力して泡盛を海外に輸出する取り組みも行っています。さらに近年は、レストランや居酒屋などの県内飲食業も香港やタイ、カナダに出店するなど、業種・職種を問わず県内企業の海外展開が進んでいます。

このように、沖縄県の企業のなかには、アジア経済圏へ目を向けて自社の販路拡大、市場の開拓を目指す企業が増えてきています。こうしたアジアの活力を取り込む企業がさらに増えていけば、沖縄県経済全体の底上げ、すなわち県民所得の増大や新規雇用の創出にも繋がっていくことが期待できます。現在、沖縄県庁は台北、上海、香港、北京、シンガポールに海外事務所を設置していますが、今後はアジア他国への海外事務所の設置も視野に入れながら、県内企業が海外展開をする際の公的支援制度を充実させていく必要があると思います。

4　アジア経済の取り込みと沖縄振興――結びに代えて――

県内企業の努力と種々の地域振興策の成果もあって、現在の沖縄県経済は堅調に推移しています。沖縄県経済のさらなる発展のためにも、今後はアジアのダイナミズムを戦略的に取り込み、県経済の持続的な発展へと繋げていくことが益々重要になってきます。そして持続的な発展を実現するためには、拡大するアジア経済圏に目を向けながら、これまでの沖縄振興策の検証とこれからの沖縄振興のあり方を考えていく必要があると思います。本講座でみてきましたように、今後、国内外の経済社会状況は劇的に変化していきます。そうしたなかで、これまでの沖縄振興策の何が有効で、そして何を見直すべきなのかを、沖縄振興に関わる諸制度の再構築を含めて、包括的に検証、検討していく必要があるのではないでしょうか。

【参考文献】

池宮城秀正編『国と沖縄県の財政関係』清文社、二〇一六年。
総合研究開発機構「地方再生へのシナリオ―人口減少への政策対応―」総合研究開発機構、二〇〇八年。
平修久『地域に求められる人口減少対策』聖学院大学出版会、二〇〇五年。

増田寛也編『地方消滅──東京一極集中が招く人口急減──』中公新書、二〇一四年。

【参考資料】

アジアＩＴ人材交流に関するニーズ調査（https://from-okinawa.org/wp/wp-content/uploads/2016/06/H28A_170330_アンケート集計_09302.pdf）
沖縄県『平成二九年版沖縄県観光要覧』。
Capgemini, World Wealth Report, 2017.
IMF, World Economic Outlook Database, 2018.

第6章　キリスト教と沖縄の体験的平和論とアジア

平良　修

1　聖書と戦争

皆さんはこの大学で、聖書の勉強をしていますから、それなりに聖書についての知識も深まっているでしょうし、関心もあるでしょう。聖書のなかには戦争の話がたくさん出てきます。沖縄戦という惨たらしい悲劇を経験した沖縄に住む私たちは、一体これをどう読めばいいのでしょう。このことはアジアのために果たすべき役割について、私たちにどんなことを教えてくれるのでしょうか。一緒に考えましょう。順に話を進めます。

1　旧約聖書

聖書の最初のページの最初の行に、何と書いてあるか知っていますね。この言葉を読んだだけで、クリスチャンになりたいと思った人がいるほどです。聖書の記述は強烈な、すごい言葉で始まっています。「初めに、神は天と地を創造された。」材料の何も無いところから造ることを創造と言い、材料を使って何かを造ることは製造と言います。神は何もないところから天と地を創造されたという書き出しになっています。

まず旧約聖書時代の話からしましょう。聖書は「旧約聖書」という部分と「新約聖書」という部分に分かれています。その両方を合わせて聖書なのです。旧約聖書の書き出しのあの言葉は、一体何を語ろうとしているのでしょうか。それは、「人間は天地の創造者ではない」ということです。創造者でもなく、支配者でもないという宣言なのです。天地の創造は神の業であって、人間の業ではないと言っているのです。そして、人間は、神の究極の被造物として創造されたのだ、と書いてあるのです。

神は人間をお創りになった。ご自分の形に似せて、神と向かい合い、神と対話することのできる被造物として、人間をお創りになったと書いてあります。聖書は、人間が存在していることの根源的な意味はここにあると示しています。猫や犬では神の相手はできません。聞いて、問うて、考えて、自分で応答する。それができるということが、人格を持つということです。

向かい合う人と人がいても、人格を持たなければ対話はできません。〝私とあなた〟という関係をつくることはできません。交流することはできません。神と向かい合う者として人間をお造りになったという宣言が、聖書のメッセージです。これが聖書の書き始めです。

さて、そのなかで直接の人間代表を務めるものとして、旧約聖書には、ウチナーンチュでもなくヤマトンチュでもなく、イスラエル民族を登場させています。

1-1　選民イスラエルのために戦う神

神を疎んじる者に対して、イスラエルに戦いを命じる神が示されています。旧約聖書では、選民イスラエルに、神が戦えという命令を下しています。そして、共に戦う神としてご自身を表しています。丹念に読むと驚かされます。旧約聖書は戦争の歴史の編集書のようであり、しかも神が先頭に立って戦われています。何十年も前のことですが、私が佐敷教会の牧師をしていた頃に、教会員であった年配の長老さんが、「私は若い人々に旧約聖書を読ませたくない」とおっしゃいました。「戦争の話がいっぱい書いてあって、しかも神が戦争をさせている。これでは困る。初めて読む人は躓くに違いない」と言ったのです。旧約聖書には、むごたらしいまでのすさまじい戦争の描写がたくさん記載されています。

1－2　究極目的は非戦・非武を求める神

しかし聖書が示している神は、究極的には〝戦わない〟、〝武器を取らない〟神なのです。聖書を読み進めていくと、非戦・非武の神として私たちの前に現れてきます。つまり、戦わないことを、殺し合いをしないことを求める神として、展開していくのです。例えば、旧約聖書のイザヤという預言者が語ったところです。イザヤ書二章四節を見ますと「主は国々の争いを裁き、多くの民を戒められる。彼らは剣を打ち直して鋤とし、槍を打ち直して鎌とする。国は国に向かって剣を上げず、もはや戦うことを学ばない」とあります。

もう一カ所、ミカ書四章三節――。そこには、「強い国々を戒められる」と書かれています。戦うことを奨励しているように見えていた神の姿が、戦わない神の姿となって、やがて前面に現れてきます。そして、戦わない平和の神、愛の神としての姿が、新約聖書のイエス・キリストの到来によって決定的に現されるのです。もちろん旧約聖書のなかにも、神の愛は予備的には書かれてはいます。しかし、はっきりと表されるためには、新約聖書のイエス・キリストの誕生を待つことになります。新約聖書によって、神の絶対的な愛が、そして非戦が明らかにされるのです。

見えない神を現しているのは、イエス・キリストです。神を的確に、徹底的に示すことができるものとして、神は、神の子イエス・キリストをこの世に派遣されました。イエスに質問した人がいました。「イエス様、あなたはいつも〝父なる神〟とおっしゃいますが、その〝父なる神〟を私も見たいです。会いたいです。そうすればもっとよく分かると思います」と。するとイエス・キリストは「私を見た者は、神を見たのと全く同じことである」（ヨハネ一四章九節）という不思議な答えをなさいました。イエス・キリストは神を完全に表すものとして、遣わされている存在なのだということです。

イエス・キリスト登場以前を表す旧約聖書は、イエスに出会う準備をしていた段階だったということです。言うならば、答えを待つ、問いの段階ということです。新約聖書は、問いへの答えの部分だということです。

2　新約聖書時代と現代――イエス・キリストによる新秩序・非戦主義――

イエス・キリストによる新しい秩序、新しい価値観が示された時代に、私たちは生きています。つまり、現代の私たちは非戦主義の時代にいるのだということです。イスラエル民族の道徳の規範とされた〝一〇の戒め〟というものがあります。それを「モーセの十戒」と言います。一〇カ条の神の教えです。この十戒を徹底的に守ることがイスラエル民族の最高の義務でした。そして、この十戒のなかに、「あなたは殺してはならない」という戒めがあります。選ばれた民は、神からの戒めを厳密にそして厳格に守ることを、生活の規範としていました。それが新約聖書の時代になって、イエスの言葉がそれに取って代わります。マタイによる福音書五章四三節、四四節を見ますと、そこには〝敵を愛する〟という精神が書かれています。

敵を「殺すな」どころの話ではありません。「あなた方も聞いているとおり、『隣人を愛し、敵を憎め』と命じられている。しかし、わたしは言っておく。敵を愛し、自分を迫害する者のために祈りなさい。」イエス・キリストによって示された新しい価値観です。新しい命令なのです。これが人間の歩むべき道筋だと言うのです。これが聖書の最終結論だと言ってもいいと思います。それは〝非戦〟です。戦争の否定です。反戦ではありません。非戦です。だから、どのような理由があったとしても、問題解決のために戦争という方法をとることは、神の命令に反するのだと、イエス・キリストによって、新約聖書によって、示されているのです。戦争によって、人を殺し合うという方法でことを片づけるということは、神によって、イエス・キリストによって、禁止されています。これこそが、イエス・キリストによって明快に示された新しい価値観なのです。

しかし現実はどうかというと、多くのキリスト教会は、時と場合によっては戦争をすることは悪ではあるが必要であると考えます。〝必要悪〟であると考えます。正義のための戦争もあるのだと言ったりします。正義のための戦争は許されるとする考え方は、それは明らかに人間が、自分たちで考えた価値観です。反キリストの道です。キリストの道に反する考え方であると、私は思います。

キリスト到来によって、戦争に対する考え方が、全く変わってしまったのだということを、はっきりと覚えておいてください。悪者をそのまま放っておいてはいけない、悪者はやっつけなければならないという分かり易い理屈で、戦争を肯定する考え方は確かに数多くあります。現実には悪者も侵略者もいるではないか、被害者を出さないためにも、やむを得ず相手を倒すということをしなければならないという価値観が、現実にはかなり通用しています。しかし、その価値観は、イエス・キリストによって明白に否定されています。非戦――これが聖書の示す究極の答えなのです。

2 琉球と戦争

1 群雄割拠の戦国時代

琉球には、群雄割拠の戦国時代がありました。按司《あじ》と呼ばれる地域の統治者がいて、地域の代表者として力を持って治めていました。それが近隣地域とぶつかり、按司を代表とした地域と地域の喧嘩、つまり戦争になります。これは琉球・沖縄のいたるところで行われていたのですが、次第に統一されて、北山、中山、南山という三つの国に整理されてきました。そしてさらに、それらを一つにまとめたのが中山の支配者であった人で、この人が統一して琉球王国にまとめました。尚巴志という人物です。一四二九年に統一琉球王国が生まれたわけです。

2　統一国家　非武の国・琉球

この琉球王国は、武器を持たない国であったという理解があります。皆さんも〝琉球王国には武器はなかった〟と聞いたことがあるのではないでしょうか。しかしこれは不正確な情報だと思います。武器はあるにはありました。それを全部、新しい琉球王が集めて、保管していたということだと思います。つまり、〝戦うための武器はない〟ようにしていたということです。ただし、武器を破棄したのではなくて、必要があれば、いざというときには、それらの武器を使って戦いに出る可能性があったのだと思われます。ただ、〝使わないために〟保管しておくという、平和政治をしたということは言えるのかも知れません。こうして、統一国家としての新しい琉球は、〝非武の国、戦争をしない国・琉球〟というふうに評価されるにいたったのです。

3　武の国・日本による圧力――薩摩の琉球入り――

その琉球に、外部の勢力が破壊的な侵略をしてきました。「薩摩の琉球入り」です。琉球に一番近いのは、日本国のなかでは薩摩でした。つまり現在の鹿児島です。薩摩が琉球に乗り込んできました。薩摩の琉球侵略・支配は一六〇九年のことです。琉球は、薩摩の強力な支配のもとに治められることになりました。

当時、琉球は中国と非常に密接な関係を持っていましたが、薩摩とすれば、琉球を自分らが支配していることを中国に知られたくはありませんでした。中国が知れば、どう出るでしょう。何らかの動きを起こすかも知れません。薩摩は慎重でした。けれども実際には支配していたのです。

個人的な話をしましょう。私がかつて住んでいた宜野湾の家の隣のお嬢さんが、職場の職員であるヤマトンチュの男性と結婚することになりました。その青年の出身地が鹿児島です。鹿児島からお母さんが沖縄に来られて、隣に住んで親しくしていた私たちのところに挨拶に見えたときのことです。お母さんは立ち上がってこう言われたのです。「私の先祖たちが、皆さんのお国をいじめて、苦しめて、本当に申し訳ないと思っています。」私はこういう挨拶を鹿児島県の人から受けたのは初めてでした。お母さんは、自分たちの過去の琉球いじめに対する謝罪を、子孫の一人としてなさいました。これは私が体験したエピソードです。

4 日本国による琉球処分

薩摩の支配を受けた後、今度は、完全に日本国による琉球処分となりました。日本国が乗り出してきました。薩摩がある程度行っていたことを、全面的に日本政府がやり終えたというのが、「琉球処分」という出来事です。

1 原・琉球処分（一八七九年）――琉球王国の廃国と日本国への強制的併合――

日本は沖縄を国内植民地として支配し始めました。植民地というところは、それを持っていれば利益が得られるところです。利益を出させるために、絞れるだけ絞るところのことなのです。琉球王国は、日本国の沖縄県ということにされました。その実体は、日本国の国内植民地です。

見出しの「原・琉球処分」の「原」という言葉を付けたことで、私は何を言いたいのかを説明しなければなりません。初めは薩摩が琉球を支配しました。その薩摩から日本国は琉球を取り上げ、強制的に日本国の一地域として組み入れ、「沖縄県」にしました。かつての琉球国は、日本国にとって、非常に存在価値のある領土になったのだと、皆さんは分かりますか。琉球諸島に連なる何十もの島々、それらを取り囲む広大な海域、そして広がる空域を考えてみてください。琉球を領土として所有することで、どれほど日本の領土は広くなったでしょうか。新しい広大な海域も日本の領域になったのです。驚くほどの大きなメリットを提供するところとして、琉球・沖縄は、日本の国内植民地である「沖縄県」になりました。

ところで、この「琉球処分」という言葉を、私たちはいろんなときに使います。例えば、〝今でも日本政府は琉球処分を続けている〟という具合に使います。辺野古に新しく造ろうとしている軍事基地は許さないとの住民の意志がありますが、それをあらゆる方法で表明しているにもかかわらず、日本の行政は全く無視して、強硬に工事を進めています。これは一種の琉球処分だという言い方があります。このようなもの言いに対して、芥川賞作家の大城立裕さんが忠告をされました。「この琉球処分という言葉を、簡単に頻繁に使うと、元々の日本国による〝琉球処分〟の影がうすくなる。」あまりにも琉球処分的な政治が多くなると、琉球国が滅ぼされて日本にされたという、本来の〝琉球処分〟の実態が薄められるというのです。今も繰り返されている新たな琉球処分とは違う、「最初の琉球処分」という意味を込めて、私は「原」をあえて入れました。琉球処分の「原初」という意味です。

ところで皆さん、この「処分」という言葉ですが、日本政府が使った言葉なのだということは知っていますか。処分された琉球側が言った言葉ではありません。処分する側が使ったネーミングなのです。処分という言葉は、どんなときに使いますか。どのようなときに処分されますか。悪いことをしたと判断されたときに、罰として処分されることがあります。または、不要になったものを処分します。ゴミを処分します。琉球は、日本国から見てどういうものだったのか、お分かりになるでしょう。

環太平洋の島々のなかで、琉球ほど見事な、完成度の高い文化の華を咲かせたところはないと言われています。琉球は豊かな文化を生み出した国でした。それをいきなりやってきて、〝処分〟という言い方で、ずっと続いてきていた王国を廃止させ、完全に日本国の一部の「沖縄県」にするという作業を行ったのが松田道之という官吏です。その彼に日本政府が与えた肩書きが「琉球処分官」でした。国際的にも認められていた独立国家・琉球を、有無を言わせず潰して、日本国に従属させました。松田道之は後に東京都の知事になりました。日本国の首都の首長になりました。琉球処分の功績からでしょうか。

もちろん、琉球では大きな抵抗がおこりました。だから処分する必要があったと言うのでしょう。一方的に、強引に、琉球・沖縄に対して何もかも押し付ける日本政府のスタイルは、今も変わりません。こういうやり方に、日本国は慣れています。琉球・沖縄も慣らされています。あちらの方も、処分しているという悪い感じを、もうあまり持たないのかも知れません。処分されている方も、その不当さを鋭く感じることができなくなっているのかも知れません。「処分」は今も続いています。私たちが拒否、抵抗しなければ、今後も続くでしょう。

一八七九年に、日本国の強制的な併合によって琉球王国は滅ぼされ、「沖縄県」になったのだということを、私は言っているのです。これが「原・琉球処分」です。

「沖縄県」という形にはなりましたが、他の県に対するのと同じようなシンパシーをもって対応されてはいません。一言で言えば、「国内植民地」としての沖縄県にされたということです。「植民地」というのは、殺してしまってはならないところです。生かしておいて、利用するだけ利用するのです。利益だけを吸い取るのです。それが植民地政治の内容です。一般的には植民地は自国の外に造るものなのですが、日本の場合は、国のなかに造りました。これをしっかりと覚えておいてください。要するに、日本国における沖縄県は、「国内植民地」としての位置づけであるということです。皆さんは、一〇〇％正当に、日本国民としての他県人と同等の処遇を、日本国から保証されていると思いますか。そう思う人は甘いです。しっかりと眼を見開いて現実を見て欲しいのです。「国内植民地」としてしか私たちは位地付けられていない現実があるということを見てください。これに対して、同じ日本人、同じ日本の一つの県民だと反論しますか。しかし事実として、本質的には日本の利益に利用するために、国内の一つの県にしているにすぎないのです。私は、これを国内植民地と言います。

自分のことをちゃんと知らなければ、いい生き方はできません。知らなければ見当違いをし、立ち位置が定まらないことになります。したがって方向性も不明瞭になります。誰が何と言おうとも、私たちは国内植民地として位置づけられているのだということを、この厳然たる現実を、皆さん方にしっかり覚えておいてほしいのです。

日本の国内植民地とされている沖縄を考えるための素材として、元東京大学総長であった矢内原忠雄氏の述べる植民地主義の三つの型を、ここにあげます。

（1）従属主義――被植民者の利益を考慮せず、全く植民国自身の利益に従属させる略奪主義。

（2）同化主義――植民地を本国化し、本国の一部として扱おうとする。英国の対米国、日本の対朝鮮、台湾政策。

（3）自主主義――本国と異なった植民地の歴史的特殊性を認め、その独立的集団的存在を尊重して自治を許すが、決して独立、分離を認めず、協同による一大帝国を維持しようとする。

さて、沖縄はどの分類に入るでしょうか。

2 第二次琉球処分としての沖縄戦（一九四五年）

一九四五年に沖縄戦が戦われました。大きな悲惨な経験をしました。沖縄には第三二軍という日本軍が駐屯していました。第三二軍と呼ばれる沖縄の守備軍です。米軍は、沖縄を一つのステップとして日本本土に向かって行くであろうことは予想されていました。しかし日本本土では、米軍を迎え撃つだけの体制がまだ十分には取れていませんでした。したがって、迎え撃つことのできる体制が取れるまで、沖縄で米軍をくい止めておいて欲しいということでした。これが沖縄戦というものの本質です。だから、沖縄に配備されていた日本軍は、全滅しそうになっても戦うしかありませんでした。全員が死ぬことを玉砕と言うのですが、沖縄に配置された日本軍は、玉砕することは許されませんでした。米軍を引き留めておく使命が与えられていたのです。日本ではもともと、桜の花のように潔く美しく散るという、日本人の魂の在りようを示す表現があるのですが、沖縄に配置された日本軍は、なんとしても米軍を沖縄に足止めさせ、引き留めて、時間かせぎをしなければならなかったのです。

長野県に松代大本営壕跡というものがあります。これは東京が危なくなり、空襲が激しくなったときのために、安全な場所に天皇を頂点とした国家体制を移して守るために造られた、二〇キロ四方に及ぶ地下遷都用の壕です。壕掘りに酷使され、故郷に帰ることなく亡くなった多くの若い朝鮮人労働者たちのことを、偲ばざるを得ない場所なのですが、それが日本列島の中心部、長野県の固い地層の象山にあります。松代大本営壕跡、象山地下壕です。そこに天皇の居住所、天皇の神性を表す「神器」を祀るところ、日本政府、日本軍の参謀本部、政府各省、NHK、電話局、倉庫群が入ることになっていたのです。その地下壕が、まだできあがっていませんでした。この地下壕ができあがるまでは、沖縄に米軍を引き留めて置けということであったのです。いずれは、くい止めきれずに沖縄は全滅するであろうことは、目に見えていました。どのような〝地獄〟であったか、私たちは残された資料や証言によって学ぶしかありません。あれだけの沖縄戦の悲劇の背景には、日本本土を守るために沖縄を犠牲にすることを当然と考える――そのような日本国の沖縄に対する考え方があるのです。ヤマト政府の沖縄差別の結果の沖縄戦だったと、私はそう思っています。

3　第三次琉球処分としての沖縄県切り捨て（一九五二年）

敗戦によって、日本全体が、戦勝国・連合国の占領下に置かれていましたが、七年後、占領が終わって日本国は独立を回復しました。それが一九五二年です。日本国が独立を回復するに当たって条件がありました。その条件は、「沖縄を米軍支配に委ねる」ということでした。本当の家族、仲間であれば、こんなことができるでしょうか。沖縄を切り離して他国の軍事支配下にあずけて、自分たちだけが元に戻ることができたのです。この感覚は、沖縄に対して日本という国がもともと持っていた体質です。日本と琉球との関係には、歴史的にそういう感覚が初めからあるのです。だからこの条件は、日本にとっては辛くて厳しいことではなかったと思います。身を切られる思いであったとは考えられません。

それに、連合国と日本との間でそのような取り決めができた背景には、裕仁天皇のいわゆる「天皇メッセージ」がありました。新しい憲法では、天皇は政治的な発言はできないことになっているにも拘わらず、です。天皇は、「二五年から五〇年、あるいはそれ以上の期間、沖縄の米国による軍事占領を望む」という発言をしました。なおかつ、そのときに「沖縄に対する日本国の潜在主権を残した形で」という条件を付けています。沖縄がいつか日本の支配下に戻ってくる可能性を残すことを忘れてはいません。これが「天皇メッセージ」でした。新しい憲法のもとでは許されない政治的発言をしたのです。しかし、天皇を裁くということはありませんでした。日本人には天皇を裁けない体質が沁み込んでいます。天皇を裁くなど、とんでもないことだと思う体質が、日本人にはあるのです。しかも、沖縄を処分しても日本は痛まない、という体質もあります。このときの沖縄の切り離しには、天皇メッセージが大きく役に立ったと思います。そして「潜在主権を日本に残したまま」という主張の裏には、利用価値のある地域はいつか取り戻さなければならない、という魂胆があったからではないでしょうか。

4　第四次琉球処分（日本への再併合・一九七二年）と現在

沖縄の「日本復帰」の問題を考えましょう。沖縄で「日本復帰運動」が盛り上がっていたときに、沖縄の人々が考えていた「復帰」の中身は何であったかです。それに対して日本政府が考えていた「復帰」は、何であったかを考えてみましょう。沖縄は米軍の支配下にずっと置かれていました。通貨は当初B円（B型軍票）で、その後ドルでした。道路は右側通行でした。占領軍兵士たちによる理不尽な暴行がありました。それを正当に裁く後ろ盾はありませんでした。沖縄に住む民衆は、自分たちの将来をどのように考えることができたでしょうか。皆さんのお父さん、お母さん、おじいさん、おばあさんが生活していた沖縄の戦後時代のことです。

沖縄では、将来を見据えて、三つほどの考え方を持つようになりました。一つは現状維持です。「仕方がない。日本は沖縄を切り離したし、米軍は我々を統治している。これは避けられない現実だ」という考えです。もう一つは、「もともと沖縄は琉球という独立国家であったのだから、この際、元通りに独立を考えようではないか」と言う考えです。沖縄の独立を追及するための政党もできました。グループもできました。それから三つ目の考えが、「日本復帰」でした。日本の沖縄県に戻るという考えです。そして、沖縄が選んだ道は、日本復帰だったのです。昔の日本ではなく、第二次大戦後の新しい日本には、平和憲法ができていたではありませんか。沖縄戦を生き残り、米軍による軍事支配下にあえいでいた沖縄にとって、この平和憲法は大きな魅力でした。希望でした。

日本国から見捨てられた体験を持ちながらも、しかし平和憲法を持っている日本国、軍隊を持たない、戦争をしないという新しい方針を立てている日本国です。その国家に、沖縄の人たちは惹かれました。すさまじい沖縄戦の後です。そして、これに続く戦勝国軍隊による理不尽な支配の体験もありました。だから、そう望むのは当然でした。こうして「日本復帰運動」が燃え上がったのです。

日本復帰への沖縄の基本的方向性は、こうでした。

（1）反戦平和の理念に立つ。沖縄側の選んだ方向は明白な反戦平和への理念でした。それは、沖縄の米軍基地をすべて撤去させるということでした。基地の全面撤去です。

（2）自衛隊の沖縄配備を拒否する。沖縄が重視した点には、日本政府が改めてこの沖縄に配備するかも知れない日本軍のことがありました。自衛隊のことです。自衛隊の沖縄配備を認めないということです。要するに、米軍であろうと日本軍であろうと、軍隊を置かないということです。明白な反戦平和の理念に立つということでした。

（3）基本的人権の確立。

（4）地方自治の確立。

（5）県民本位の経済開発。

日本に復帰するときの沖縄側の基本的な姿勢として、これらを唱え、日本政府に訴えることにしました。このような内容で復帰したいと言ったのです。すさまじい体験をして生き残った人々が、一生懸命に考えた新しい価値観であり、方向性です。そういう基本姿勢の下で、沖縄は、米軍の統治から離れるために、激しく日本への復帰運動をしたのです。

それに対して、日本政府が考えていた「復帰」は次のようなものでした。

（1）本土との一体化。法律の面でも制度の面でも、制度を一元化する。

（2）格差是正。社会資本の面でも、経済の面でも是正する。

（3）米軍基地の維持管理。日米安保体制を絶対保持するために、米軍基地を残したままで沖縄を日本に迎える。

私も、私の家族も、何度も復帰運動のデモに参加しました。新しい沖縄の姿をイメージして、私たちは復帰運動をしていたわけです。ところがまるで違う内容のものになってしまいました。沖縄島の北端、辺戸岬にある復帰運動の記念碑をまだ見ていない人がいるなら、ぜひとも行って読んでほしいです。以下はその碑文です。

一九七二年五月一五日　沖縄の祖国復帰は実現した
しかし県民の平和への願いは叶えられず
日米国家権力の恣意のまま　軍事強化に逆用された
　しかるが故に　この碑文は
　喜びを表明するためにあるのでもなく
ましてや勝利を記念するためにあるのでもない
闘いをふり返り　大衆が信じ合い
自らの力を確かめ合い、決意を新たにし合うためにこそあり
　人類が永遠に生存し
　生きとし生けるものが　自然の摂理の下に
　生きながらえ得るために警鐘を鳴らさんとしてある

復帰を悲しんでいます。復帰万歳ではありません。この歴史事実を知ってください。私たちは、あの復帰を良しとして今暮らしているのか、それとも、悔しさを蓄えながら今の生活をし

ているのか――この二つの間には、大きな違いがあります。

5 琉球の自立・独立への動き

では沖縄の我々は、今後どうすればいいのでしょうか。日本国に対してどのような姿勢を持つことが正しいのかということを、考えざるを得ません。元米国国防総省の高官であったモートン・ハルペリン氏が、日本への復帰準備が進んでいる沖縄の様子を視察しに来て、上空から島中の米軍基地を見たときのことですが、「米軍基地がこれほど多いとは思わなかった。一体なんのためにこれほど多くの基地をつくったのか」と質問したそうです。司令官は、こう答えています。「私たちは沖縄に基地を造った覚えはありません。沖縄そのものが基地なのです。」つまり米軍にとっては、沖縄には基地でないところなど存在していないのです。どこでも使えるのです。沖縄戦で死んだ二〇万人のうち、一万人は米兵です。彼らにしてみれば、一万人の命をかけて奪い取った場所が沖縄なのです。それを考えれば、どこに基地を造ろうが、何を造ろうが、誰にも文句を言わせないという感覚なのでしょう。戦後の沖縄に対する米軍統治のありかたとして、戦利品としての沖縄を自由自在に使う、そういう精神態度が見えてきます。

基地を、当たり前の自然風景のように考えてはいけません。歴史を勉強し考えないと、大切なことが見えてきません。金網越しに基地のなかを見ている老人が見ているもの、それは、この場所で生活していた頃のことでしょう。家があり、家族があり、畑があり、親族たちのお墓があります。団欒している家族も見えるでしょう。集落の行事で、賑わった若者たちの声が響いているに違いありません。しかし現実として、それらすべてが失われているのです。戦争というものは、どんなに悲しい、辛いことであるかを忘れて欲しくありません。戦争というものの罪悪性、すさまじさ、非人間性を知るためには、もう一度戦争をしなければ分からないほどに、生半可なことではないということです。本日、ここにいらっしゃる沖縄キリスト教平和総合研究所・名誉所長の大城実氏は、沖縄戦で足を失われました。戦争の結果です。戦争がいかに犯罪的であって、悲しいことであって、辛いことであって、絶対に繰り返してはならないものであるのかは、戦争を体験すれば分かります。しかし繰り返すことは許されません。だから私たちは、戦争を、戦争によらない方法で学ぶ必要があるのです。そして、戦争というものはどういうものかを、しっかり把握してその戦争だけは食い止める、どんなことがあっても与《くみ》してはならないという覚悟、そのような覚悟を持つ人間に自己教育していかなければならないのです。自己鍛錬していくのです。相互に造り合っていくという努力をしなければならないのです。

私の書いた「愛する辺野古・高江のヤマトンチュの仲間たちへ」という文章を読みます。

辺野古・高江に多くの仲間たちがやってくる。

大切な時間をかけ、少なからぬ費用を費やし、悪くすれば命を失うことにすらなりかねない危険な場所、辺野古・高江にやってくる。

彼らは積極的に抵抗する。

機動隊にゴボウ抜きされても決してひるまない。

ときには救急車で搬送される羽目にさらされても、また病院から戻ってくる。

警察に逮捕、拘留されても決して動じない。

沖縄を見殺しにするな。

今こそヤマトンチュとしての沖縄への償いを実践せねばと、彼らは実に誠実である。

しかし私は、彼らに向かって言いたいことがある。

どれほど献身的であろうとも、辺野古・高江に打ち込むだけでは埒《らち》が明かないということである。

辺野古・高江は、それがどんなに重要、激烈な問題の場であるとしても、一つの発火点に過ぎない。

仮に、辺野古・高江の新基地化をくい止めたとしても、いつかは間違いなく沖縄の別の場所が噴火するに違いない。

沖縄の地底には日米安保条約という火山脈が煮えたぎっているからである。この火山脈に連帯しようと思うなら、日米安保条約という火山脈そのものを打ち滅ぼすしかない。その覚悟があるのか。

問題はそのレベルに収まらない。日米安保体制を良しとする圧倒的多数のヤマトンチュはその体制から生じる重荷を沖縄に担がせることに何の違和感ももたない、日米安保体制は不可欠であるとし、そこから生じる被害を沖縄に負わせることを意に介さない。〝抑止力という点では米軍基地は沖縄でなくてもいい。しかし、政治的には沖縄がいい〟との沖縄差別路線――。沖縄はヤマトの利益のためにあるのだとするこの恐るべき体質――。その路線を走り慣れてきた圧倒的多数のヤマトをどう変革するのか――。沖縄解放はこの深みに自分の存在を懸けることなのだということを、友人たちは肝に銘じておくべきである。


七割、八割の日本人は、日米安保条約に賛成しています。自分たちの国を守るために必要だと思っています。被害は沖縄が負ってくれているから賛成できるのです。自分たちに被害が来るようになれば、簡単に賛成とは言わないでしょう。今のところ被害は、基地の一番多い沖縄に来ます。皆さん、日米安保条約に賛成ですか、反対ですか。問題は日米安保条約を結んでいるという、この火山脈そのものです。この火山脈そのものを打ち滅ぼすことができるかどうかです。圧倒的多数の日本人が支持しているなかで、反対することができるか、ということです。切り返すだけの力量と覚悟があるかということです。

「抑止力という点では、米軍基地は沖縄でなくてもいい。しかし、政治的には沖縄がいい」という沖縄差別路線をどう受け止めますか。「沖縄はヤマトの利益のためにある」のだとする、この体質をどう考えますか。この路線を走り慣れてきた圧倒的多数のヤマトを、どう変革するかです。沖縄解放を言うのならば、この深みに自分の存在を懸けることなのです。

非常に良心的な、ヤマトンチュも大勢います。例えば、ノーベル文学賞作家の大江健三郎さんの『沖縄ノート』（岩波新書、一九七〇年）のなかでは、「日本人とは何か。このような日本人ではないところの日本人へと、自分を変えることはできないだろうか」ということの同じ文言が、新書版の小さな本のなかで八回も繰り返されています。このような日本人も、確かにいるのです。ヤマトンチュが、このレベルの日本人に達してくれたらと思います。

もう一つの出来事を紹介します。沖縄の米軍基地をヤマトで引き取ろうという運動のことです。一五年も前に、沖縄の辺野古で、普天間基地を辺野古の沖に移設するという沖合案の工事が進んでいたときのことでした。一年近く阻止行動に参加していた若い女性が大阪に戻って、大阪駅前で、沖縄で行われている理不尽で不平等な新基地建設の状況を知らせるための行動を起こし、それを続け、署名を集め、防衛局に要請書を提出し続けていたのでしたが、なかなか埒《らち》が明かないことを実感して、それで仲間たちと起こした運動が基地の引き取り運動だったのです。彼女はそういう形の反戦平和行動を提起したのです。東京大学教授の高橋哲哉氏も協力者の一人です。

その高橋哲哉さんが、『沖縄の基地―県外移設を考える―』（集英社新書、二〇一五年）という本のなかで、冒頭にこういう文章を紹介しています。

岡本喜八監督の映画『激動の昭和史　沖縄決戦』（一九七一年）の映画に、こういうシーンがある。

沖縄守備隊三二軍は、米軍との決戦を前に、最精鋭の第九師団を台湾に抽出され、危機感を強めていた。姫路第八四師団の沖縄派遣の知らせに一旦は喜んだが、この決定は翌日すぐに大本営によって撤回され、ぬか喜びに終わる。

憤懣遣る方ない様子で詰め寄る参謀本部作戦課長・服部卓四郎大佐を、作戦部長の宮崎周一中尉が一喝する。

沖縄は本土のためにある！　それを忘れるな。

本土防衛が遅れている今、沖縄のためには兵力を割くわけにはいかん。三二軍の気持ちも十分に分かるが、私は大局的な立場から中止と判断した。

そのことを踏まえて、この高橋さんはこう言っています。

「沖縄は本土のためにある。」

近代日本を貫く沖縄に対する態度を、ただ一言に凝縮したような言葉ではないかと、私には感じられる。

このようにして日本は、一貫して沖縄を、ただ自己利益のために利用してきたのではなかったか。

沖縄は大変だねと、心優しい言葉をヤマトンチュから聞くことがあります。しかし、その人は、そういう状況を作っている自分らヤマトンチュの大変さには気付いていません。

6 「万国津梁」へ
——「アジアの友好交流拠点」として義と愛の人間国家を創設する——

「太平洋の軍事的要石」とされている現在の沖縄を、国際的中継貿易の拠点としてアジアで活躍したかつての「万国津梁」に復活再生させる方向性を、アジアとの関連において述べます。

1　万国津梁を取り戻す

万国津梁とは何か。琉球王・尚泰久（一四五四～一四六〇）は仏教を重んじて寺院を建立し、梵鐘を鋳造しました。「万国津梁の鐘」はその一つです。この鐘銘は、その内側に刻まれた「万国津梁」という言葉からきています。本文は漢文ですが、現代語に訳すと以下のとおりです。

琉球国は日本の南の海にある。すぐれた土地で、朝鮮の優れた文物を集め、明（国）とは互いに離れがたい密接な関係にあり、日本とは寄り添って助け、この明と日本の二つの国の間にあって大地から出現したあこがれの島である。船とかじでもってあらゆる国々へのかけ橋となり、各地の産物や宝物は国中に満ちあふれている。

武力による支配、被支配ではなく、琉球王国がかつてそうであった「万国津梁」の役割を再現する未来を待望し、実現させる覚悟に生きたい、私はそう思います。

2 アジアとの関連で、「万国津梁」を考える

前述のとおり、日本国内における沖縄の位置づけは「国内植民地」であったし、その状況は、今なお続いています。沖縄史は日本国による被害の歴史そのものであると言えます。しかし、その沖縄も、アジア諸国に対しては、日本国の一角を成す者として、まさに「加害者」そのものであったことは、歴史が鮮明に示しているところです。沖縄は、アジア諸国と諸国民に対して、いくら謝罪しても謝罪し尽くせない負い目を持っているのです。日本国の植民地とされ、苦悩の歴史を歩まされた朝鮮半島の人々は、日本への糾弾と謝罪を激しく求めて手を緩めることがありません。「どれだけ謝罪すれば朝鮮半島の人々は気が済むのか」と苛立ちを示す日本の世論に対して、「日本が殺した朝鮮半島の人の数だけの謝罪だ」との声が跳ね返ってきます。その言い方を踏襲するなら、〝日本と沖縄が殺害したアジア人の数だけ〟謝罪を重ねなければならないということになります。問題が謝罪の「回数」ではなく、「質」にあることは明白です。

かつては琉球王国として「万国津梁」の交友と繁栄を造り出し享受してきた日本国沖縄県は、かつての「万国津梁」をさらに充実発展させた「新万国津梁」の産みの苦しみを経験しなければなりません。それこそ人類史的意義をもつ、真に担い甲斐のある苦しみなのではないでしょうか！

琉球大学の岩政輝男学長は琉球大学編「知の津梁」の巻頭言で次のように述べています。

沖縄は日本の南の周縁であると考え、沖縄を「南に開かれた地域または国境……」といった言い方がされます。本土から見れば、南に開かれ、そしてその先に東南アジアの国々があり、南への門戸になっていると言えます。沖縄から見ますと、沖縄はアジアの国々、もちろん中国や日本を含めさらに太平洋の島々に向かって開かれています。そしてそれらの地域と交易し、その富をもとに王国が成立し、特色ある文化や歴史を発展させてきました。明治以降の本土とのかかわりから沖縄は日本の周縁で南に開かれた地域であるととらえるのではなく、アジア・太平洋域の広い交易圏の中心に位置し発展して来たということを考える必要があります。しかし、一七～八世紀になると欧米諸国がアジアに進出し、世界的な経済の広がりの波が押し寄せて来ました。沖縄について言えば、江戸時代には薩摩、明治になると日本政府、そして太平洋戦後の米国との関係で政治的にさらに文化的にも困難な事態が起こっていますが、私共はしっかりした歴史認識を行い未来への発展を信じています。

「私どもはしっかりした歴史認識を行い未来への発展を信じています。」ここで強調されている「しっかりした歴史認識を行う」とは、まさに「万国津梁としての琉球」の認識であり、尊重であり、その再現であろうと私は考えています。「トー（唐）の世からヤマトの世、ヤマトの世からウチナー世、ウチナー世からアメリカ世、アメリカ世からヤマトの世。」これは沖縄の歴史変遷を歌ったものです。この歌の目指すべき、目指したい究極のゴールは民族や、国家の壁を越えた人間の世界——まさに万国津梁ではないでしょうか。それはかつて私たちの先祖が船を操って生み出した人間世界、そして残念ながら今は失われてしまっている人間世界の再生への熱望です。海を、「隔ての海」ではなく「繋ぎの海」とする生きざまを、私たちの祖先は造り出していったのです。昔は船によるしかありませんでしたが、今日の私たちはさまざまな手立てを持っています。それらを結びと共生のためにのみ用いる——。これこそが琉球国が人間歴史に残した不滅の価値、すなわち「万国津梁」の志です。

聖書は、人と共におられることを抜きにした神というものは存在しないことを示しています。同時に人が人と共に在ることを抜きにした人というものも存在しないことをも明確に示しています。

私たちの出自と生存の場である琉球は、島と島が、人と人が、国と国が、民族と民族が、共存共生の津梁《かけはし》によって繋がれ合っているべきことを、かつて見事に具現していた選ばれた「人間の島」であることを深く知り、私たちはそのよき伝統を引き継ぐべく選ばれた民であることを誇ろうではありませんか。まさにこの誇りを胸に、私たち沖縄人《ウチナーンチュ》は、これからのアジアのあるべき姿を思い描くことができるのだと信じています。

第7章　沖縄戦で学んだこと

大城　実

きょうは、ボクが沖縄戦で学んだことを、みなさんにお話ししたいと思います。私は戦争で左足を失いましたが、戦争について三つの大切なことを学びました。ボクの教訓は、この寄附講座のテーマである「アジア共同体」の構築に寄与するものだと考えています。

1　軍国少年だったころのこと

ボクは最初の国民学校入学生でした。それまで尋常小学校と呼ばれていましたが、軍国少年の教育が必要だとのことで、一九四一年四月に学校名を変える勅令が出されて、学校名が変えられたのです。そして、日本はその年の一二月にハワイの真珠湾を警告なしに攻撃し、太平洋戦争を始めてしまいました。それでも、子どもたちは兵隊に憧れて育ちました。そして一九四四年三月ごろ、沖縄を護るためと称して、第三二軍が結成されました。ところが、兵舎等、必要な設備がなかったので、時の内閣は学校の校舎や民間の家、教会の建物などを第三二軍に提供するよう指示しました。学校の場合は、沖縄県庁に頼んで一九四四年七月、学校全体を第三二軍に無条件で使用を許しています。それでも足りないので、非常事態の名の下、教会や住民の住宅まで強制的に使用しました。ボクの住んでいたハンジャ（現・糸満市北波平）にも、かなりの数の民家が軍人たちとの共用を強制されていました。派遣された兵隊達は、毎日防空壕掘りや飛行場の整備にこき使われていました。憧れの兵隊さんたちは、夕方になると村の子どもたちとよく遊んでくれたものです。しかし、豆腐一丁のため兵隊同士が激しい争いをすることもありました。

図７−１　糸満市の位置

　ハンジャには、もう一つ、好奇心と珍しさで子どもたちの関心をとらえた家がありました。それは、村で一番大きな家で、兵隊たちの慰安所に利用されていた家です。とは言っても、子どもたちにとっては、慰安所で何が行われていたか、想像するだけでした。やんちゃな連中のなかには、朝早く起きてその家の流し場でゴム

製品を見つけては、皆に見せて自慢する者もいました。兵隊たちが昼も夜も列を作って並んで順番を待っていました。一度だけ、母に何が行われているか尋ねてみたことがあります。子どもは知らなくて良いと酷く叱られました。

そして、いよいよ一九四四年の一〇月一〇日が来ました。その日は、後に住民が恐れを込めて「一〇・一〇空襲」と呼ぶことになる、沖縄の人びとが自分の土地で始めて経験した実戦の日となりました。グラマンという艦載機による一日がかりの空襲があったのです。その日の空襲で、沖縄の主要な港町は、那覇を含めてかなりの被害を受けたと聞きました。ボクは、姉と一緒にタンメー（祖父）が作った防空壕から頭を出して、米軍の飛行機が日本の高射砲に撃たれて落ちるのを数えて喜んでいました。

2　負傷兵の前で立ち尽くす

ボクたちの住まいは沖縄島の奥地だったので、初めは空襲も少なくやや穏やかでしたが、米軍の攻撃はだんだん激しくなってきました。首里にあった第三二軍の司令部がフェーバル（南風原町）に移動したという噂がありました。それに伴って、ハンジャの北の部落ダキドン（糸満市武富）の北隣にあった小さな負傷兵収容所も解散してしまったようでした。医者と看護婦と受けた傷の回復した兵隊たちは、自動車に乗って南の方に行ってしまいました。戦えそうもない重傷を負った兵隊数人は収容所に残されたようでした。その二、三日後、ボクは、何となく防空壕の外に出てみたくなりました。ハンジャの北側の道まで行くと、ちょうど、多分とり残されたと思われる負傷兵たちが前日の雨でひどくぬかるんだ道を、泥んこまみれになりながら這いつくばって南の方に向かってにじりよって行くところでした。負傷兵だと、すぐにわかりました。ボクはその場で思わず立ち止まりました。ボクが目にしている情景は、今まで見たこともなければ、学校で教えられたこととあまりに違っていたからです。あの強いはずの天皇の兵隊が、ボクの目の前で泥んこのようになって、自分は死にたくないと叫んでいるように思えました。ここにいる兵隊は、ボクが学校で教えられ憧れていた兵隊ではありません。傷を負い、戦えなくなると自らの命を絶つ強い兵隊ではなかったのです。ボクは、学校の先生方がいい加減にウソの話で兵隊を美化していたのかと疑問に感じ、あるいは自分がけがのため戦えないと知って自決する兵隊なんて初めからいなかったのではないかと思いました。手厚く看病するはずの天皇の大事な兵隊をこんなに無惨に扱っている軍隊に対して、無性に腹が立ちました。ボクがあんなに憧れていた兵隊と、目の前にいる兵隊の違いをどうしても飲み込めなくて、泣きたい思いでしばらくそこに立ち尽くしていたのです。

3　タンメー、ンメーと分かれ、戦場をさまよう

爆撃は益々激しくなってきました。ボクたち家族は、村を出ることにしました。ところが、タンメー（祖父）とンメー（祖母）が同意を渋りました。ンメーはすでに腕にけがをしていました。自分たちは、どうせ死ぬ。戦争が済んでサイパンから帰ってくる孫の猛儀が自分たちの死んだ場所を知らなければ、どうやって遺骨を拾ってもらえるか、と言ってハンジャの家にとどまることに拘りました。母は親と子どもたちの間に挟まれて、きっと苦しい思いをしたと思いますが、結局、二人の子どものいのちを護る決意をしました。タンメーとンメーとは二度と会えないことは覚悟のうえの別れでした。

ンメーは、ボクたちと別れてから二日ほどして亡くなったといいます。タンメーはンメーを葬って、ボクたちを探してあとを追ったようです。しかし願い叶わず、途中で砲弾に当たって死にました。タンメーの遺体は見つかっていません。ンメーが死んでしばらくしてから、防空壕が直撃弾を受けたらしく、遺体は爆風で飛ばされ、一〇メートル位離れた隣の畑に落ちていたようです。手に彫っていたハジチ（針付き）ですぐわかったといいます。彼女の期待どおり、孫の猛儀がサイパンから帰ってきて確認しました。

タンメーたちと別れたボクたちは、アハグン（現・糸満市阿波根）の南端を通って西端にある壕を見つけました。兵隊たちが使っていましたが、しばらくは入れてもらいました。しかしすぐ狭くなったので出ていくように言われて、とうとうそこを出なければならない羽目になりました。幸いにも誰かが開けて、そのままになっていたお墓が見つかったので、ボクたちが代わりに入りました。安心したのも束の間、ガラガラと妙な音がします。耳をすますと、どうやら米軍の戦車の音のようです。戦車のキャタピラの音が聞こえるほど米軍が近くまで来ているのだと判断し、さらにスンザ（現・糸満市潮平）、カネグスク（現・糸満市兼城）をこえてティーラ村（現・糸満市照屋）までやって来ました。そこで偶然にも、本家の家族に出会ったのです。向こうは喜びましたし、ボクたちも再会を喜びました。本家の伯父はボクの父の兄に当たります。その伯父の提案で、ティーラ村から出て、イチマン（糸満）を通り越して、さらに南の方に行くことにしました。そのためには、ヨザダケ（与座岳）の一部になっているクニシビラ（国吉坂、現・県道二五〇号線の一部）を登りこえなければいけません。そんなに高い山ではないのですが、そのころは米軍の意図的攻撃のため、道の形態をなしていないと聞きました。それでも、ボクたちはクニシビラを登り超える決心をしたのです。

クニシビラの入り口までできてみるとすでに、それは道の状態をなしていませんでした。イチマン沖に浮かんでいる米艦戦からの砲撃がクニシビラを目当てに集中砲撃したらしく、道とはとても言えない状態に変わっていました。砲弾の穴は人間の血で満ちていました。周辺には砲弾にやられた人間の肉片や死体が散らばっていました。そこを通るには死体を避けて通るか、肉片なら足で踏みつけて通らなければなりません。ボクは、今あの時の気持ちを思いおこそうとしています。母のモンペの腰にしがみついていたのは覚えています。でも、あの状況を再現するために描写してみるものの、それは後になってからの想像でしかありません。ボクは何を考えながら歩いていたのでしょうか。肉片を足で踏んで歩いたときの気持ちが蘇ってこないのです。近くで砲弾が爆発したはずですが、それも覚えていません。大けがをした人たちから、通りかかったボクたちは助けを求められたはずなのですが、それも記憶に全くないのです。クニシビラを登りきる約一時間の間、ボクは何の感情も持っていませんでした。死体を見ても、助けを請い求める声を聞いても、何の感傷もおこりませんでした。ボクは人間ではなくなっていました。普通の人間なら持っているはずの感受性はボクのなかから消えてしまっていたのです。

クニシ（国吉）に着いて、どうするか相談しました。この村も隠れるところがどこにもありません。仕方なく南に足を向けることにしました。砲弾を避けながらの逃避行です。何時間歩いたか覚えていませんが、大きな壕が見えてきました。喜んでその壕に匿ってもらおうと思って近付くと、こちらから声を掛ける前に、壕の前に立っていた兵隊に、ここには民間人の入る余地はない、と大声で追い返されてしまいました。しかも手にした銃が、ボクたちのほうへ向けられていました。みんな走って逃げました。兵隊は怖い、と思いました。

夜なのか昼なのかもわからないまま、また歩きました。その時には何も感じませんでしたが、確かボクたちが逃げた道の側に小高い丘がありました。そこは、沖縄戦が終わってからたびたび耳にすることになる場所でした。あとで先輩牧師に聴いたことですが、彼が斥候隊をひきいてその丘の近くに来たとき、部下の一人があの丘の上に偉そうな兵隊を見つけて、持っていた銃を発砲してしまったと話したそうです。その偉そうな人は、もしかすると最高司令官のバックナー中将だったかもしれません。じつはその先輩には、沖縄系二世の従兄弟がいて、米軍に入隊して沖縄に来ていました。それでこの従兄弟に、将校らしい兵隊を自分の部下が狙撃したという話をしたところ、くだんの二世は青くなって、そのことは絶対に口外しないように厳しく注意したといいます。バックナーが戦死した状況に酷似しているからということだったようです。先輩がそのことをボクたちに証言したのは、一九七〇年代になって沖縄戦の経験を語り合ったときでした。米軍の発表によると、日本軍の砲弾の破片で倒れたことになっているようです。こともあろうに総司令官が、狙撃兵の放った銃弾に倒れたと発表することは不名誉なことになると思ったのではないでしょうか。

何日歩いたでしょうか。すっかり時間の感覚もなくしていました。ようやくまだ被曝しないで建っているサーターヤー（村の人たちが砂糖を製造するために建てた工場）を見つけました。既に大勢の人で満員でしたが無理して入れもらいました。伯父の息子たちと一緒に散髪をしてもらうと、頭がシラミでいっぱいだったことを覚えています。そこで何日過ごしたでしょうか。伯父は、サトウキビを炊くかまどを整理して家族をそこに押し込みました。しかし、ボクたちの家族は入れてもらえませんでした。そのことを、ボクは今でも恨みを持って覚えています。

4　左足を失い、米軍に捕まる

ある日、艦砲射撃がいつもより激しくなりました。砲弾は遠くに落ちるとヒュウーという飛ぶ音が長く聞こえます。そのヒュウーと鳴る音が段々大きく短くなってくると近づいて来るのがわかります。その日も短くなってきました。音もたてずに、すごく近くに落ちたと思った瞬間、左足に妙な衝撃を感じました。触ってみると足は砕けていて手がすっぽり入ってしまいました。どんな姿勢をしていたか覚えていませんが、大腿部の付け根に近い所から入った砲弾の破片が、向こう脛から通り抜けていました。治療のすべはありません。母は近くの畑からヨモギ、オオバコ、芋の葉っぱを摘んできて、それを揉み、島の習慣にならってボクの足の傷にあて止血を試みました。傷には、すぐウジ虫がわきました。取っても、取ってもわいてきました。

初めは気晴らしにウジ虫を捕って、潰していましたが、痛さは増すばかりです。痛みに耐えかねたボクは、母に死のうと訴えました。どこの家庭にも自決用の「猫いらず」が配布されていたのをボクは知っていました。ボクは母に詰め寄りました。あれを飲んで、父ちゃんの所に行こうと、未だ見たこともない父を口実に死を求めました。ボクの要求に心揺さぶられていた母を、姉は「もうすぐ友軍が来る。明日まで待とう」と繰り替えし激励しました。最近、本当にそう思っていたかと聞いたら、あの時はそう信じていたという答えが返ってきました。それが、あの時代の教育だったのです。

砲撃が間断なく続くなかで、サーターヤーなど直撃を受ければ、ひとたまりもありません。ふたたび伯父の提案により、どうせ死ぬのだから、イチマンにある先祖の墓で死のうと言うことに一同同意しました。というより、みんなそれしか道はないだろうと思っていたに違いありません。そこで、今度は先祖の墓に向かって北へ進むことにしました。母がハワイの伯母にもらった大きな布切れと棒切れで担架のような物を作ってボクを乗せて姉と二人で運びました。今度はあの忌まわしいクニシビラを避けて、海側の道を北に向かいました。ここは海岸通りだから海からは見晴らしが良く、砲弾を避けながら北に向かうことができました。イチマンの南端まで来ると、屋敷のなかから銃を構えた米軍が出て来て我々の前を遮りました。本家の家族は逃げ出したようです。担架にボクを乗せて逃げるのは無理だと母は判断し、そのまま捕捉（保護）されたようです。ボクは大量の失血のため、無意識の状態でしたから何も覚えていません。どうやら、その日のうちに近くのスンジャ村（潮平）に移されたようです。そこから、水陸両用船に乗せられ、沖に待っている大きな船に移されました。大人たちは沖に連れ出して殺すつもりだろうと互いに嘆きあっていたと聞きます。

母によると、ボクたちを載せた船は、島の南を回って中城村のアワセ（泡瀬）までいったようです。アワセ村は後に避難民が海外から送られて来たところでしたから、そうかもしれません。ボクは、家族と引き離されて軍病院へ連行されることになっていたようです。母は懸命に、せめて娘だけでも同行させてくれと必死に頼みました。たまたま日本人らしい人が米軍人を相手に話をしていたので、懇願してみましたが無視されました。諦めかけたところを白人らしい将校が通りかかったので、娘は女学校で看護法を学んでいるので一緒につれていって手伝いをさせてくれと頼んで、ようやく姉は同乗することができました。母は一人、別の収容所に送られました。ボクらは途中、どこかの療養所に連行されましたが、ボクのけががひどいのでそこでは無理だということで、現在の沖縄市胡屋にあった野戦病院に収容されることになりました。足のけがは破傷風を併発していたようです。それでも、軍医たちは一生懸命治療してくれました。四回も輸血をしてくれたようです。破傷風の治療には当時導入されはじめていたペニシリンが使われたと聞かされました。

そんなこともあって、ボクのけがと破傷風は比較的はやく快方に向かいました。しかし、いつの間にか戦傷病者を看護していた部隊は引き揚げてしまっていました。そしてボクらはほとんど無傷に建っていた瓦屋根の家の裏部屋に移されました。米軍基地の跡地には通称「中央病院」が運営されていました。ボクの傷は未だ完治してなかったのでそこで治療を受けました。そこから郷里のカネグスク村に帰ったのは一九四六年三月になってからでした。

5　三つの教訓とアジア共同体

ここでボクの戦争物語は終わりです。ボクの一一歳の頭脳でそこから何を学んだか。文中にも洩らしてきましたが、それを纏めてみることにします。

(1)　戦争は人を人でなくする

このことを思い知るのは、ボクのクニシビラでの経験で充分です。わずか数キロの道をどのような思い、どのような悲しみ、どのような怒り、どのような同情を持って歩んだのか――ボクには何ひとつ思い出せないのです。深い傷を受けて助けを求める人へのいささかの同情も、逆にこのような状況を作り出している人への怒りもありませんでした。生きるとか死ぬとか、そんな感情は何もなく歩きました。

（２）　軍隊は市民を護らない

ボクは、沖縄戦をとおして軍隊の本質、軍隊の本当の姿を見たと思っています。軍隊は元来戦争をする機関です。その目的は敵を殺すことであって、民間人を護ることはその主目的ではありません。琉球新報社が、復帰二〇周年記念事業のなかで、沖縄戦当時に航空参謀であった神《じん》直道中将の思いを記録として載せています。神氏はこう語っています。「軍隊は敵の殲滅が役目。住民を護ることは作戦には入っていなかった……純粋に軍事的な立場からは住民を護るゆとりはない。」

（３）　戦争は平和をもたらさない

人類の歴史を振り返ると、闘いを終わらせるのは確かに軍事力です。強い側が弱い側を倒すことによって、闘いは終わります。でも、それで平和は達成されるのでしょうか。ことはそんなに単純ではないはずです。勝者に従わない者は弾圧され、時として死に追いやられます。負けた者にとっては、果てしない不平等が続くことになります。正義がすべてに行き渉るとは言えません。それは戦後七五年を経た沖縄戦を見てもわかります。どこに平和があるというのでしょうか。

アジアはこれからますます発展していくでしょう。ボクの願いは、それが平和な発展であって欲しいということです。この寄附講座には、いつかアジアに共同体をつくりたいという思いが込められていますが、その実現への道のりは決して気楽なものではありません。それは戦後七五年経ってもいっこうに平和にならない沖縄の現状を見てもよくわかるでしょう。戦後が終わっていないどころか、沖縄戦そのものがまだ終わっていないのです。

しかしそういう沖縄であるからこそ、平和なアジアのコミュニティを作るため、他の国や地域には期待できないような貢献ができるはずだと、ボクは信じています。人を人でなくするあの戦争からボクが学んだことを、未来を担うみなさんにも是非考えていただきたいと思うのです。

第8章　もう一つのアジア共同体構想を考える

緒方　修

皆さんこんにちは。私は東アジア共同体研究所の琉球・沖縄センターというところにおりまして、沖縄を拠点に、本寄附講座のスポンサーであるワンアジア財団とほぼ共通する視点から活動を行っております。本日は、私たちの取り組みである「もう一つのアジア共同体構想」について、皆さんにご紹介できればと考えております。ここに年表「沖縄の歴史　主な出来事」というのがございますので、そこを時々見ながらお話をいたします。

1　辺野古と基地建設

「辺野古は今」というタイトルの写真展を開催しておりまして、一〇月にも韓国で二週間、写真展を実施しました。あさっては青山学院で講座を行います。そこで、皆さんのなかには辺野古の位置や状況がどうなっているのかあまり知らない人が多いかもしれないと思って、画像をいくつかもってきました。名護市辺野古はこの辺です（図8－1）。黒いところは全部米軍基地ですね。

図8－1　在沖米軍基地と辺野古

（出所）　沖縄県知事公室基地対策課『沖縄の米軍及び自衛隊基地』表紙より。

大体、沖縄本島の二割ぐらいの良いところをおさえられていることが分かりますね。

これは（写真8－1、写真8－2）、牧志治さんという水中写真家が撮った大浦湾のサンゴです。ここが、今、埋められようとしているのです。

これは（写真8－3）ジュゴンです。ジュゴンってこんなピンクっぽい色をしているのですか、と聞かれたことがあります。僕も実際にこの目で見ていないのでわかりません。今やもう一頭も大浦湾にいないという状況であります。

これは（写真8－4）、海上保安庁の船が抗議市民二人乗りのゴムボートへの乗り上げです（二〇一五年三月一〇日撮影）。

これは（写真8－5）、『ぬじゅん』という雑誌での牧志さんの「墜落オスプレイに海中から迫る！」という特集です。大浦湾のすぐ近くに安部《あぶ》という海岸がありまして、そこにオスプレイが落っこちました。本土の新聞なんかは、不時着破壊とか何かわけのわかんないことを言って

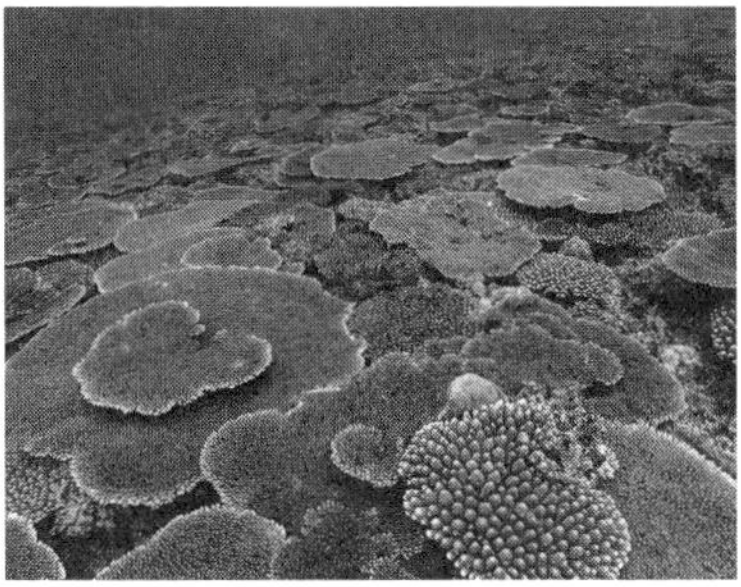
写真8―1　大浦湾のサンゴ
（提供）　牧志治氏。

写真8―2　大浦湾のサンゴ
（提供）　牧志治氏。

写真8―3　ジュゴン
（提供）　東恩納琢磨氏。

写真8—4　海保の乗り上げ
（提供）　辺野古写真展実行委員会。

写真8—5　雑誌「ぬじゅん」表紙写真
（提供）　牧志治氏。

いましたけど、沖縄のメディアでは正確に「墜落」と言っております。

思うに、本土のマスコミは何でも軽く見せたがる、どうもそういう意識が働いているのではないでしょうか。

表紙にある棒みたいに出ているのは、大砲でも何でありません。オスプレイは空中給油をするわけですよね。そのときに先行する給油機にずーっとこの筒を伸ばして、そこから給油するのです。この前、高知沖で落ちたのも同じオスプレイです。あれは、もっとスピードが速い機種ですけどね。

これを使って給油しようとして、そのまま墜落してしまったということです。

東京の人たちのために、あえて東京都と沖縄県の面積を比べてみました（図8－2）。この地図にでているように沖縄県の面積は、二二七一平方キロメートルですね。東京都は二

図８−２　日本と沖縄の面積

日本の面積	378,000㎢(100%)
東京都の面積	2,188㎢(0.6%)
沖縄本島の面積	1,207㎢(0.3%)
沖縄県の面積	2,271㎢(0.6%)

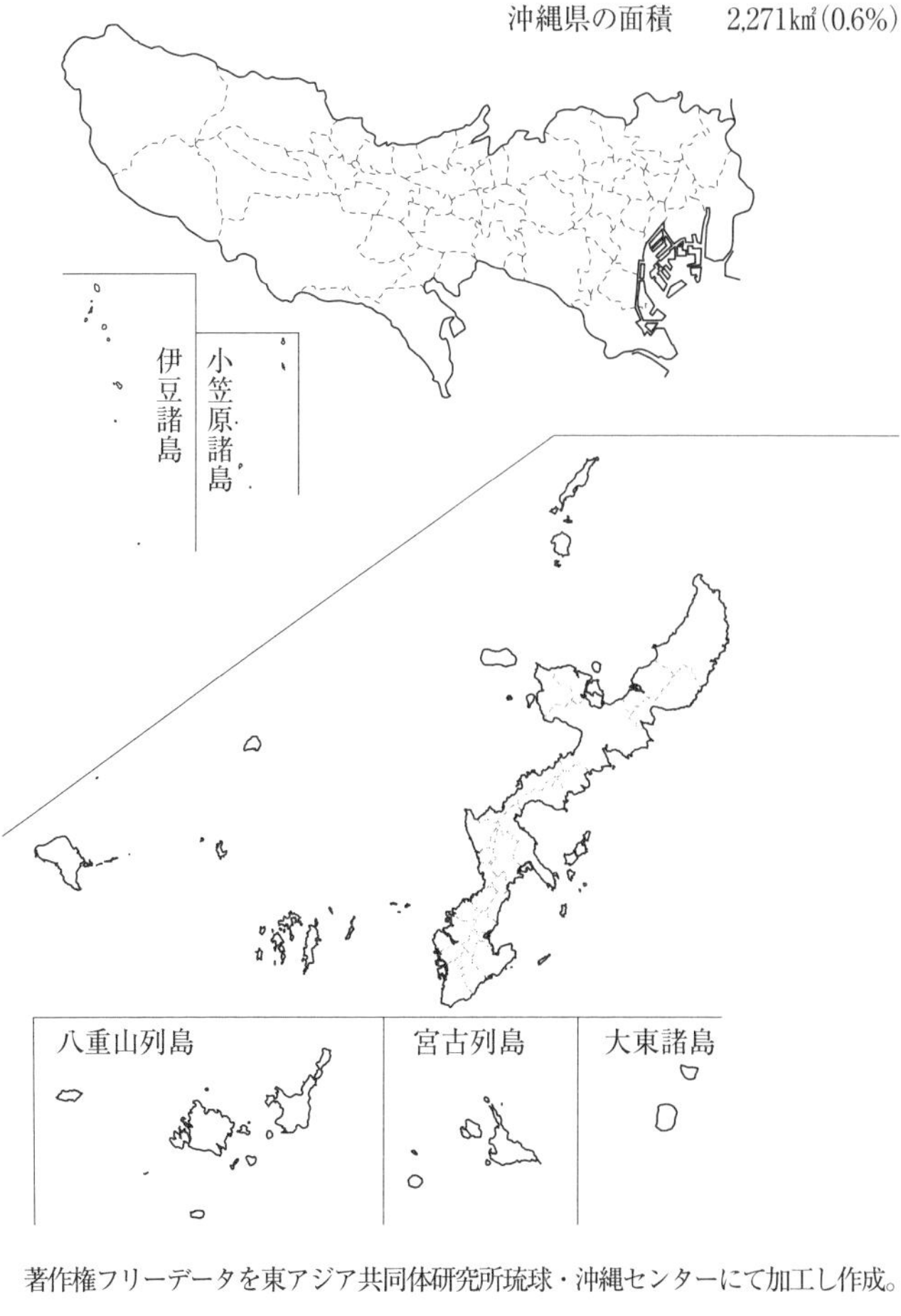

(出所)　著作権フリーデータを東アジア共同体研究所琉球・沖縄センターにて加工し作成。

一八八平方キロメートルです。両方とも日本の〇・六%の面積ということには変わりませんよね。沖縄は離島がありますので、ばらばらに分かれていますが、東京の場合は、島嶼部も少しありますけど、比較的まとまっています。沖縄県と東京都というのは、じつはほとんど同じ面積なのです。よく言われるように、沖縄には、国土の〇・六%の面積に在日米軍基地の七割が集中しています。

2 琉球王国と中国・日本

つぎに、歴史の話をしたいと思います。こちらの主な出来事を見てください(表8-1)。上から五番目に、一六〇九年、薩摩の侵入、江戸上り、幕府への服属儀礼というのがあります。

薩摩が進入してきて琉球を支配しているわけです。ただ、完全に支配というわけじゃなくて、琉球は中国にも服属していました。両属体制と言いますが、このように両方に属していて、おいしいところを薩摩がとっていった——簡単に言うとこういうことですね。

中国側に「歴代宝案」という文書が残っていて、これは本当に世界的な価値のあるものなのですが、これに冊封の実態についてみんな書いてあるわけです。

表8－1　沖縄の歴史　主な出来事（年表）

12 世紀～15 世紀	グスク時代→農耕時代⇒人口増加　各地に有力な按司（あんじ）が出現→のちに三山時代を形成
1372 年	中山王察度，明（中国）に朝貢　朝貢—冊封関係　琉球から硫黄，馬を，明からは鉄製品，陶磁器など
1558 年	万国津梁の鐘，琉球王国の気概を示す　大交易時代
1570 年	南方貿易途絶える　大交易時代の終焉
1609 年	薩摩の侵入　江戸上り→幕府への服属儀礼
1719 年	玉城朝薫創作の組踊を上演→冊封使を歓待
1728 年	蔡温，司官となり民衆支配の制度を確立
1816 年	バジル・ホール来琉
1846 年	ベッテルハイム，キリスト教伝道のため来航
1851 年	ジョン万次郎来航
1853 年～4 年	ペリー来琉　5 回
1872 年	琉球藩設置　琉球処分の始まり
1874 年	台湾出兵
1879 年	沖縄県設置　ヤマト世へ　旧慣温存策　脱清人　中国に琉球王国の復活を請願　分割・増約案　宮古・八重山を中国に割譲する案
1894 年～5 年	日清戦争
1904 年～5 年	日露戦争
1937 年	日中戦争おこる
1945 年	沖縄戦　捨て石作戦により約 15 万人が犠牲となった（軍人よりも多い）　アメリカ世へ
1950 年	朝鮮戦争
1951 年	サンフランシスコ平和条約（沖縄の施政権は日本から分離された）
1953 年	銃剣とブルドーザー
1956 年	島ぐるみ闘争
1959 年	宮森小学校に米軍機墜落（死者 17 人，負傷者 212 人）
1970 年	コザ反米闘争
1972 年	5 月 15 日　日本復帰
1976 年	具志堅用高　ボクシング世界ジュニアフライ級チャンピオン
1978 年	交通方法変更　730
1987 年	嘉手納基地包囲行動
1992 年	首里城復元
1995 年	米兵による少女暴行事件
2000 年	沖縄サミット
2002 年	普天間代替基地「埋め立て合意」
2003 年	モノレール（ゆいレール）発進
2006 年	普天間代替基地の V 字滑走路案などで日米合意
2007 年	全国学力テスト，沖縄全教科で最下位

（出所）　新城俊昭『琉球・沖縄史』編集工房東洋企画より抜粋（文責・緒方）。

たとえば、明に対する諸国の冊封進貢体制について見てみると（表8－2）、興味深いことが分かります。この表は、明の時代の一五〇年ぐらいの期間における周辺国の入貢回数を比べたもので、琉球の冊封が一番盛んな、大交易時代の様子を表しています。一位が琉球で、二位が安南、ベトナムですね。三番は、チベット。四番、哈密。ハミはウリで有名なところです（新疆ウイグル自治区。分離独立を主張する人々は東トルキスタンと呼ぶ）。五番がチャンパ。これもベトナムにあります。シャムはタイですね。トルファン、これも中国の新疆ウイグル自治区です。そして、ジャワが、八位にようやく入ってきます。インドネシアのことですね。サマルカンドは、中央アジアの青の都と言われたウズベキスタンの古都です、それから、朝鮮が一〇位となっています。

表8－2　明に対する諸国の入貢回数

1	琉球	171
2	安南（アンナン）	89
3	烏斯蔵（チベット）	78
4	哈密（ハミ）	76
5	占城（チャンパ）	74
6	暹羅（シャム）	73
7	吐魯番（トルファン）	41
8	爪哇（ジャワ）	37
9	撒馬児罕（サマルカンド）	36
10	朝鮮	30
11	瓦剌（オイラート）	23
12	満剌加（マラッカ）	23
13	日本	19
14	蘇門答剌（スマトラ）	16
15	真臘（カンボジア）	14
16	浡泥（ブルネイ）	8
17	三仏斉（パレンバン）	6

（資料）『明史』外国伝。
（出所）村井彰介『アジアのなかの中世日本』校倉書房より作成。

こういう具合にベスト一〇のうち、ベスト二の安南をはるかに、二倍ぐらい凌ぐほどの入貢回数を沖縄は誇っていたのです。

皆さん、久米村って聞いたことあると思いますけど、そこの隣に福州園というところがあり

図8−3　海外貿易図

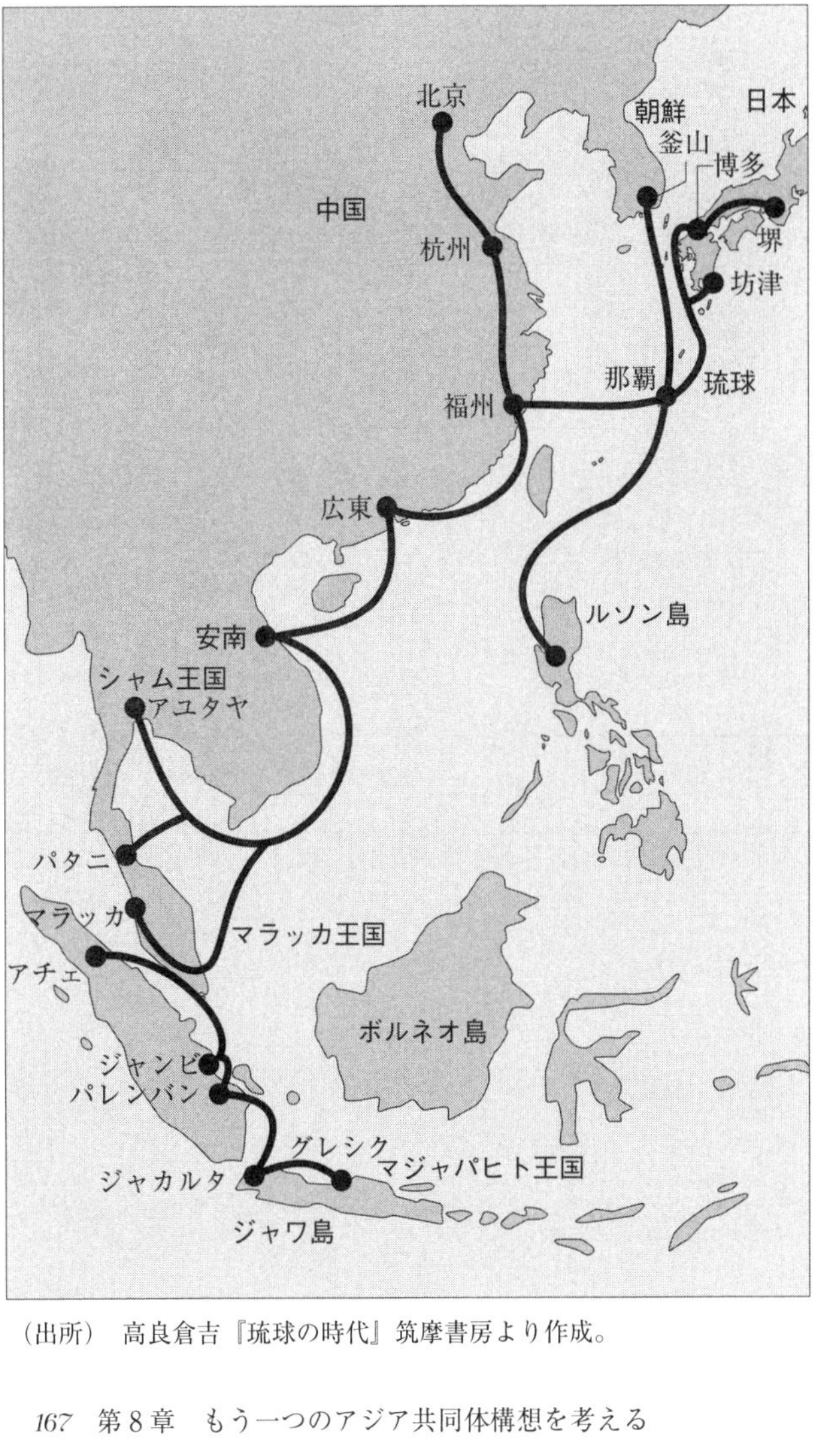

（出所）　高良倉吉『琉球の時代』筑摩書房より作成。

ます。台湾の対岸に位置する福建省の福州に、福州琉球館という、琉球の大使館みたいなところがありました。

よく見てもらいますと、マラッカ王国が、下にありますね（図8－3）。インドネシアのところです。そのマラッカまでも、琉球の人々が行っていたわけです。

と言っても、実は久米村に住んでいた、中国から来た人たちが中国語で全部取り仕切っていたわけです。

ところで、このマラッカには、インド商人が来ていました。ということはつまり、当時の琉球王国というのは、世界貿易の一環をなしていたことになります。

琉球の場合は、当時おそらく一〇万人位の人口だったと思いますけど、一五〇〇年位の間に約一〇万人も海外へ行っている、まさしく海上の国際都市だったのです。

写真8—6　万国津梁の鐘
（出所）　首里城公園管理センターウェブサイトより。

これ（写真8－6）がその当時の琉球王朝の気概を示す、万国津梁の鐘です。今、レプリカが首里城手前の広福門の広場の一角にある建物の中にあります。

「琉球国は南海の勝地にして三韓の秀をあつ

め、大明をもって輔車となし、日域をもって唇歯となす。」

唇歯とは、唇と歯のこと。それだけ近いということですね。この二つの中間に湧出する蓬莱の島（宝島）なり、といっています。この碑文は今でもたくさんの人たちにインスピレーションをもたらしています。たとえば、デニー知事が記者会見するときのバックにあるのが、この文ですね。一四五〇年、一五世紀、尚泰久王が作成し、首里城正殿に掲げていました。

それから、お亡くなりになった沖縄民謡の名人の嘉手苅林昌さん――この方が歌った比較的新しい歌の中に、「唐の世《ゆ》から大和の世、大和の世からアメリカ世、ひるまさ変わたるこの沖縄」という一節があります。唐から日本に変わって、日本からまた米国に変わって、米国からまた日本に変わった、要するにくるくると世が変わる、というように変化していくのが琉球の歴史の著しい特徴だというのであります。

繰り返しになりますけども、明治の初めのころ、進貢・冊封体制という中国との間を行ったり来たりするのを明治政府からやめろと言われて、やむなく中止したわけです。

3　沖縄戦と犠牲者

日露戦争は日本で一一万五六〇〇人、ロシアで四万二六〇〇人の死者が出ました。これは大変な数ですよね。しかしこの戦争でようやく「文明国」の仲間入りをしたのです。

これもちょっと話が飛びますけれども、読谷にチビチリガマとシムクガマというところがあります。金城実さんという彫刻家がいらっしゃいまして、一生懸命チビチリガマに仏様をつくって並べるといった活動を精力的にやっていらっしゃいます。チビチリガマは強制集団死（昔は集団自決と言った）が起きたところです。

そのすぐ近く、一キロメートルぐらい離れているところにシムクガマがあって、ここは約一〇〇〇人の住民が出てきて助かりました。

たまたまガマ（壕）の中にハワイでバスの運転手をしたことのある人が二人いて、英語もペラペラでした。この方々が、米軍は非戦闘員は殺さないよと説得したのです。それで、なんと全員助かりました。

僕はメディアに関わってきた人間なので、ここでひとつ、とても大事なことを知っています。じつは、チビチリガマでは中国戦線に行った兵隊がいて、自分たちも人を殺したりしていたのです。だから米国だってきっと我々を殺すだろう、という恐怖感を持っていたといいます。

一方のシムクガマでは、米国は非戦闘員は殺さないから大丈夫だよと言って、米軍とコンタクトしたおかげで、一〇〇〇人の命が助かったのです。

チビチリガマはほとんど全滅、シムクガマは助かった、その差は何だろうか。

情報の有無です。

4　東アジア共同体研究所の理念

東アジア共同体研究所の理念について、ご説明いたします。かつて、クーデンホーフ・カレルギーという伯爵がおりました。すべての偉大な歴史的出来事はユートピアとして始まり、現実として終わる、と言いました。汎ヨーロッパ連合を唱えたカレルギーに学びつつ、東アジアにおいて友愛の協力の舞台をつくるというのが、東アジア共同体研究所の理念です。

ところで、クーデンホーフ・カレルギーさんは、実は半分日本人なんです。お母さんが青山光子と言いました。Mitsoukoって香水知ってますか？　ちょっとお線香の香りがするようです。そのMitsoukoの名前は、クーデンホーフ・カレルギーのお母さんの名前から取られたとも言われます。

カレルギー伯爵には、青山栄次郎という日本名がついていました。

東アジア共同体構想の思想的原理は、フランス革命のスローガンであった自由、平等、博愛から来ています。さいごにでてくる博愛（フラタニティ）は、「友愛」と同じです。自立と共生の思想なのです。開かれた地域協力の原則に基づき、東アジアに機能的な共同体の網を張りめぐらす――これが、私たちの理念です。

皆さんは、ヨーロッパ共同体（ＥＵ）のできた経緯を知っていると思います。ヨーロッパでは、とくにドイツとフランスがいがみ合って、何百年も殺し合いをしてきていました。戦争が絶えることがなかったのです。これは何が原因なんだろうと考えて、鉄鋼とか石炭等のエネルギー問題をなんとかしようということになりました。それで、ＥＥＣを最初につくりました。それからいろいろとやっているうちに、だんだんだんだんヨーロッパ共同体という枠組みが形成されていったのです。

そういうことを、東アジアでもできるんじゃないか――。

ＥＡＣＩ（East Asian Community Institute）というのは東アジア共同体のことですけど、そのニュースの電子版を週一回東京から発信いたしております。これを、大体八〇〇〇人ぐらいに送付しています。私もエッセーを毎回書いておりますので、ぜひごらんください。

ＵＩチャンネルは、毎週月曜日の八時から九時過ぎまでYouTubeでやっています。

ひとまず、私の話はこれで終わりたいと思います。ここからは、質疑応答の時間にします。

【質疑応答】

質問　辺野古のことで聞いていいですか。

基地があることで、女性が殺されるというような、いろいろな問題があります。たいてい、加害者は米国人だと思うんですけど、辺野古で抗議している人たちを抑えつけた警備隊がいますよね。抗議しているのは、同じ日本人じゃないですか。

緒方　大阪府警がやってきて、沖縄の人を「この土人」と言いましたよね。沖縄に住む人々は同じ日本人です。ところが、安倍政権は同じ日本人とは思ってないのではないでしょうか。

私も実は熊本生まれなので、ヤマトンチュと呼ばれたりしますけれども、相手がヤマトンチュだろうが、ウチナーンチュだろうが、私の対応は全然変わりません。琉球王国ができるんだったら、パスポート取ろうかと思うぐらいです。ここに住んでますからね。僕は沖縄と四五年ぐらい付き合ってきました。復帰直後からです。だから、大体半分は、こちらの人間として発言をしたりするんです。日本人けしからんという話ですよね。ただ、そこだけ言ってもしょうがないので、本土の方々を全員味方にして活動しないといけない、と思っています。

質問　現状認識が足りない人が多いということでしょうか。

緒方　そのとおりです。

だから、佐藤優さんが琉球新報で毎週書いているとおりです。要するに、沖縄にあれこれてこ入れして政府になびかせるよりは、どうせ人口は百四十何万人だけで、日本全体の一%に過ぎないのだから、これはもう抑えつけたほうが早いという認識を、政府は示しているんじゃないでしょうか。

でも、ほんとうは沖縄の問題は、完全に日本全国の問題なんですよ。だからこそ、たとえば基地を引き取るだとか、いろんな話も出てくるわけです。現状を一番わかりやすくたとえると、四七都道府県があって、全員で山登りするとしますね。一番後ろにいる四七番目の体半分ぐらいしかない子供に、ほとんどの荷物を背負わせている——そういう不平等があると思います。

今、専門家たちが、大浦湾の海底はマヨネーズみたいな軟弱地盤で、重いものを置いたらずっと何十メートルも沈んでいくだろうといっています。そういうところにお金をつぎ込んでいいのかという指摘をしているのです。これは、日本政府すら認めていることです。だって、あそこ、全部埋め立てるにはダンプカーで一〇〇万台ぐらい運ばないとだめなわけでしょう。いったい何十年かかるんでしょうか。何十年も、安倍政権が持つのでしょうか。持つわけありませんよね。

僕はこう考えているんです。

沖縄の問題を沖縄だけでやってもだめだ。まず県外でなるべくそういうことを考える人

図8—4　沖縄・台湾・福州・韓国の位置関係

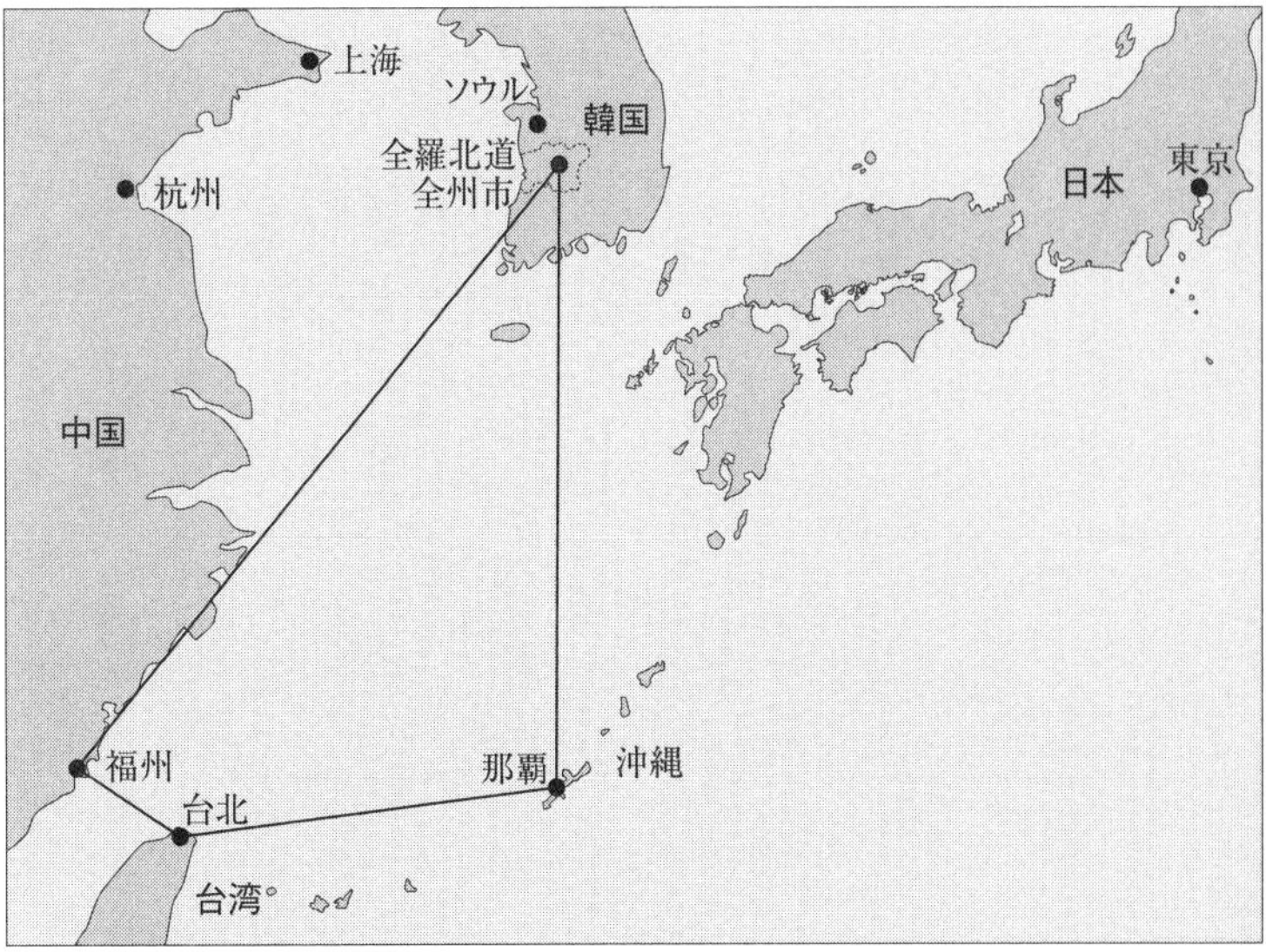

（出所）　著作権フリーデータを東アジア共同体研究所琉球・沖縄センターにて加工し作成。

をふやさないといけない――と。

同時に、米国が一番大事だと思います。米国で写真展とか、試写会とかやるべきだと考えています。首都ワシントンでは、今、いわゆる「ジャパンハンドラー」と言われている、こちらを何かいいかげんにあしらおうという人たちがいます。

沖縄タイムスか琉球新報の記事でしたが、向こうでいろいろ軍関係の人たちにインタビューをしていると、君が言ってる沖縄っていう小さな島は、人口は二〇〇〇人ぐらいなのかと聞かれたそうなんです。とんでもない話です。そういう間違った認識を持ってる人も実際にいるのです。

そういった状況をひっくり返すようなＰＲ活動が絶対的に必要だ、と私は思うんですね。我々の東アジア共同体研究所は非常に小さなところですけども、毎月欠かさず、勉強会をやってみたり、あるいは韓国に出かけたりしています。米国に出かけることもあります。なるべく沖縄以外に住んでいる方々に実情をお知らせしたいと思っているのです。

琉球と韓国と福州を結べばちょうどヨットの帆みたいな感じです。太平洋から風を受ける帆に見えませんか。

この沖縄に帆柱の拠点を定めて、国際会議を開くとか、あるいは向こうのメディアにいろいろ取材してもらうとか、東アジア共同体研究所の琉球・沖縄センターでは、そういうふうなことを今考えています。

ありがとうございました。

第9章　比較島嶼論から考える平和のロジック

友利　廣

はじめに

みなさんは地中海にあるマルタ共和国を知っていますか。

もう一五年以上も前になります。私は、前の職場の学外研究員制度を利用して、ハワイの東西文化センター、カナダのプリンスエドワード島大学島嶼研究所、ロンドン大学連邦問題研究所、マルタ大学の小国島嶼研究所に客員研究員として籍をおいていたこともあり、これまで「小国・島嶼の発展とガバナンスの関連性」を研究してまいりました。そのなかで、当時、人口規模が僅か四〇万人程度の小さな島々からなるマルタ共和国は格好の研究テーマでした。

この国が世界史で果たしてきた役割の大きさと戦後の経済的躍進ぶりを見るにつけ、島嶼性が直面する不利な面を指導者の巧みな舵取りで克服してきたこの小国に、かつて東アジア全域を縦横無尽に往来し大交易時代を築きあげた琉球のイメージを重ねつつ、現代の沖縄の再興を求めて研究をつづけています。

この寄附講座の趣旨のひとつは、「紛争や差別のない共通の価値観の下で平和共存を標榜するアジア共同体創生に向けて、沖縄として何ができるか」ということです。もうひとつが「アジア共同体創生と本学院が掲げる建学の精神『国際的平和の島』を繋ぐ連結軸に万国津梁の精神をいかに注入するか」という問いと取り組むことでもあります。

沖縄はよく、日本の「アジアへのゲートウエイ」と呼ばれます。この小さな島嶼県である沖縄は、これまでずっとアジアへむかって開かれてきたのです。この地理的特性を踏まえて、きょうは皆さんと「国際的平和の島」拠点構築に向けて依拠すべき〝平和のロジック〟とは何なのか——地中海の小国マルタの歩んできた道のりのなかに見出したいと思っています。マルタ国民の偉業を俯瞰しながら、建学の精神がいうところの「国際的平和の島」のあり方を受講生の皆さんと共有したいと思っています。

1 マルタの島嶼性

マルタと沖縄との共通点を考える時にすぐに思いつくのは、マルタが「小島嶼国」、つまり小さな島々からなる国であるということです。そして亜熱帯地域の広大な海域に浮かぶ沖縄の島々も、かつては本島の首里を中心とした琉球王国でした。

マルタ共和国は地中海の小さな三つの有人島——マルタ島、ゴゾ島、コミノ島——と二つの無人島からなります。五つの島を合わせた国土は三一六平方キロメートルで、西表島と与那国島をあわせた程度ですから、ごくごく狭いものです。このようにマルタは地中海において芥子粒のような小さな島国ではありますが、島の巨石神殿群はエジプトのピラミットよりはるかに古く、地中海文明史に特筆すべき歴史を刻んでいます。

皆さんは聖書を勉強していますので使徒パウロの話をきいたことがあると思います。使徒パウロに随行していたルカが記したとされる新約聖書の使徒言行録ですが、そのなかの二八章一節〜一〇節が〝マルタ島で〟となっておりますので、興味のあるかたはあとで読んでみられるといいと思います。

マルタは、北緯三五度五〇分にありますので、日本でいうなら東京や千葉のあたりですが、地中海気候のため穏やかな天気が多く、雨は夏よりもむしろ冬に多く降ります。降雨量は年平均で六二〇ミリです。沖縄では二〇〇〇ミリを越えますから、三分の一以下です。もちろんこれでは足りないので、マルタには大規模な海水淡水化施設が四カ所設置されていて、水需要の約半分の四九%を淡水化した海水で補っています。マルタの平均最高気温の摂氏二三度と平均最低気温一六度を、那覇の最高平均気温二八・九度と最低平均気温一七・〇度とくらべてみるとイメージしやすいと思います。沖縄と比べると年中涼しくて冬でも半袖で過ごせるため、ヨーロッパの人々が好んで長期滞在するリゾート地にもなっています。[1]

さて、昔から漁の盛んな沖縄に住んでいる私たちからすると、マルタも海産資源が豊富なところだろうと思いがちですが、じつはそうでもありません。日本を代表する倫理学者・和辻哲郎は、地中海のことを海洋資源の乏しい「痩せた海」とよぶ一方で、地中海には島が多く港湾が多いとし、「霧などはなく遠望がきく……風はきわめて規則正しく吹いている。陸風と海風との交代がきわめて規則正しい」といっています。つまり、交易にとても向いているということですよね。交易についてはあとで少し詳しく述べます。

2　地中海の要衝地——その激動の歴史——

経済や地理から人間の歴史を読み解いた有名なフランスの歴史学者に、フェルナン・ブローデル（Fernand Braudel）という人がいますが、『地中海』という有名な本の中で、地中海を「文明の十字路」と記述しています。新石器時代から人間が生活していたといわれるマルタに、レバノンあたりから地中海貿易の担い手であったフェニキア人がやってきたのが紀元前一〇〇〇年ごろですが、紀元前四〇〇年頃にカルタゴの支配が始まり、その後ローマ人たちも島を治めにやってきます。九世紀にアラブ人がやってきて、一二世紀まではイスラム帝国の領土でした。一五世紀にはスペインが支配していましたが、一六世紀になると聖ヨハネ騎士団（マルタ騎士団）がここを領有し、オスマン帝国の「マルタ包囲戦」に勇敢に耐え抜き撃退します。一七九五年、ナポレオン・ボナパルトはエジプト遠征のためマルタに駐屯基地を設置しますが、まもなく英国軍に占領され、ナポレオン戦争の終わり頃、一八一四年から翌年にかけて行われたウィーン会議で英国の領有が決定しました。

第二次世界大戦中、英国軍がマルタの地政学的要衝性を活かして枢軸国の軍事物資の海上輸送を阻んでいたこともあり、ドイツやイタリアの空軍の激しい空襲にあいました。このとき破壊された一万五五〇〇の建造物には、七〇の教会、一八の修道院、一二一の学校、五つの銀行、そのほか四八の大規模な公的建造物が含まれていました。一九四二年の最初の六カ月間に、空爆のない日は一日だけだったと言われています。とくに四月二〇日から二八日にかけて、マルタは一万一八一九回の空襲と六五五七トンの爆撃を受けました。人口二七万人の内、一四九三人の市民が亡くなり、三六七四人が負傷しています。戦後は宗主国の英国に対する抵抗運動が起こり、一九六四年、英連邦王国自治領マルタ国として独立をはたし、一九七四年には大統領制を取り入れたイギリス連邦加盟のマルタ共和国が誕生しました。欧州連合（ＥＵ）に加盟したのは二〇〇四年のことです。

3 平和への取り組み――非同盟中立の決意――

さて、マルタと沖縄の共通点として、これまで島嶼性と地理的要衝性という側面からその歴史をみてまいりましたが、これからの長い歴史のなかで沖縄の果たす役割と経済の安定的発展を考えるとき、わたしがもっとも大事だと見ているものが、つぎにお話しするマルタ共和国の徹底した平和主義であります。

この講座ではすでになんどか触れられていますが、かつての琉球王国は「守礼の邦」として平和外交を貫き善隣友好の精神として「万国津梁」を掲げていました。その精神は今に至るまで沖縄県民のこころの拠り所となっています。一方で、わが国は戦後の歩みにおいて平和憲法を擁する国として辛うじて紛争当事国になることなく、国際協力と発展途上国への経済支援に尽力してきましたが、主権国家としての矜持を見失った政権の危うさが脅威となっていることも忘れてはなりません。

こうした沖縄の歴史や戦後日本の歩みと比べてみると、マルタ共和国の平和主義はたいへん徹底しており、なおかつそれが、後で詳しく説明させてもらいますように、この国の経済発展と非常にうまくつながっているのです。
ここで、マルタ共和国の平和憲法の徹底ぶりをみてみましょう。まず、マルタ共和国憲法前文では、「マルタは非同盟政策を遵守し、すべての国の平和と安全保障、社会の発展を積極的に追求する中立国であって、如何なる軍事同盟への参加もこれを拒否する」とあります。すこし長くなりますが、いくつか条文も具体的に見てみます。

第一条（1）マルタは個人の基本的人権と自由の尊重を基調とする民主主義共和国である。
（2）マルタ領土は国会がその時々に法律で定めた領土、領海、或いはそれに先行してマルタに組み込まれた領土、領海で構成される。
（3）マルタは諸国間にあって非同盟政策を固守し如何なる軍事同盟への加盟も行わず、平和、防衛、社会進歩を積極的に追求する中立国家である。係る地位は、特に以下の内容を含む。
（a）如何なる外国の軍事基地もマルタ領内では認めない。
（b）マルタの軍事施設は政府の要請、或いは以下の場合を除き、如何なる外国の軍隊の使用も認めない。
（i）マルタ共和国の主権が及ぶ領域での軍事的侵略に対する自衛の為の

固有の権利、或いは国連安保理の行動決議や政策履行に伴う行使

（ii）マルタ共和国の主権、独立、中立、統合、或いは領土保全への脅威が存在する場合

（c）上記を除き、マルタにおける外国軍の集結が、結果的に方法や規模で駐留と同等の意味をもつためのマルタの施設の使用は認められない。

（d）上記を除き、マルタ共和国の防衛を支援する適正数の工兵要員より外にマルタの領土での外国軍は認められない。

（e）マルタ共和国の造船所は民生用故、支障のない範囲で非戦闘状態にある軍用艦艇の修理や建造に利用できる。但し、非同盟の原則に従って造船所は二超大国の軍用艦艇を拒否する。

いかがでしょうか。わが国の憲法と比べてみても、平和の理念というものが具体的状況を想定する条文によってしっかり担保されていると感じられないでしょうか。たとえば引用の最後にでてくる「非戦闘状態にある軍用艦艇」について考えてみましょう。戦争中でなければ、マルタの造船所を軍艦の修理につかってもいいといっているのですが、それでも「二超大国」の軍艦だけはどんな場合でもお断りだといっているのです。どうしてでしょうか。それは「非同

盟の原則」に反するからです。この憲法ができたときの「超大国」といえば米国とソ連ですが、平和時だからといってどちらかの軍艦を受け入れてしまったとしたら、あっという間にこのいがみあう二カ国の抗争関係に巻き込まれてしまっていたでしょう。これは平和国家を標榜する日本において、沖縄県という一自治体に世界有数の米軍基地がおかれているのと好対照です。「平和憲法」のある日本で、どうしてこんなことになってしまうのでしょうか。

じつをいうと、平和主義憲法というものは国際的にはありふれたものです。戦後の日本に住んでいる私たちは、日本国憲法のことをとてもユニークな平和憲法だといって誇りにおもっていますが、じつは世界の憲法のなかで平和主義を謳っていないような国を探すことのほうが難しいのです。二〇一九年現在、国連に加盟する国は一九三カ国ですが、二〇一五年の調査によると世界のうち平和主義を憲法で成典化している国の数は一八九カ国であり、その内一五九カ国が平和主義条項を設けており、割合としては八三％強になります(2)。これはとくに二〇世紀後半から顕著になってきたトレンドのようなものです。一九五〇年代に施行された約八〇の憲法の内、平和主義条項を定めた国は半数以下の約三〇カ国に過ぎません。それが、一九六〇年に国連が、外国が人民を征服したり、支配したり、搾取したりすることは基本的人権を否認するものであるとして植民地独立付与宣言し、植民地に自治を達成するため「独立」の道を開くと、これに触発された多くの植民地が国家として独立を宣言するようになります。そして一九九〇年以降に新たに制定された成典憲法九三件のみを対象にしぼると、うち平和主義を成典化した憲法を持つ国は九一カ国にものぼります。そして、いまや平和主義条項は憲法の必須アイテムといってもいいほどありふれたものとなっています。

表9－1は、平和主義条項を明記している国の憲法を対象に、その内容を一七のカテゴリーに分類したものです。

ところがスウェーデンのウプサラ大学平和・紛争研究所の紛争データによれば、一九八九年から二〇〇七年に限ってみても、じつは米国や英国、中国、ロシア、インドなど世界の八九カ国が紛争当事者になってしまっています。残念なことに、世界の国々でせっかくの平和主義条項憲法は形骸化してしまっているのです。

一方、その数はきわめて少ないのですが、国家の経済発展に平和主義憲法を積極的に活用するマルタのような事例もあります。第二次世界大戦の戦勝国となった国の指導者がクリミヤ半島のヤルタに集まりヤルタ会談を開くことになりますが、この会談が戦後の東西冷戦構造の幕開けとなったことは良く知られています。そして、東西冷戦の象徴となっていたベルリンの壁の撤去への合意がマルタであったことから、学校の教科書にも記載される「ヤルタからマルタへ」という有名なことばが登場することになりました。これは一九八九年一二月にマルタのマルサシクロ湾の洋上に浮かぶ軍艦で行われた米ソ両超大国首脳の会談（マルタサミット）におい

表９－１　世界の平和主義憲法の多様性

平和条項の類型	採用国
平和政策の推進（平和を国家目標に設定している国などを含む）	アルバニア，インドネシア，インドなど
国際協和（国連憲章，世界人権宣言の遵守，平和的共存などを含む）	アルゼンチン，ハンガリー，ポルトガルなど
内政不干渉	ブラジル，中国，エチオピアなど
非同盟政策	アンゴラ，モザンビーク，ナミビア，マルタなど
中立政策	オーストリア，スイス，マルタなど
軍縮	バングラディシュ，カーボベルデ，東チモールなど
国際組織への参加ないし国家国権の一部移譲	デンマーク，フランス，ドイツなど
国際紛争の平和的解決	アルジェリア，エクアドル，ニカラグアなど
侵略戦争の否認	フランス，ドイツ，韓国など
テロ行為の排除	スペイン，ブラジル，チリなど
国際紛争を解決する手段としての戦争放棄	アゼルバイジャン，エクアドル，イタリア，日本など
国家政策を遂行する手段としての戦争放棄	フィリピン
外国軍隊の通過禁止・外国軍基地の非設置	ベルギー，モンゴル，フィリピン，マルタなど
核兵器（生物兵器，化学兵器も含む）の禁止・排除	カンボジア，イラク，パラオなど
（自衛以外の）軍隊の不保持	コスタリカ，パナマ
軍隊の行動に対する規制（シビリアンコントロール）	パプア・ニューギニア，南アフリカ，ネパールなど
戦争の宣伝（煽動）行為の禁止	クロアチア，リトアニア，タジキスタンなど

（注）　1項目でも規定のある成典化憲法国189カ国中159カ国（84.1%），2015年12月現在。

（出所）　西修『世界の憲法を知ろう』海竜社，174ページ。

て、「ヤルタ体制」と呼ばれた戦後の冷戦構造の幕引きが話し合われたときに発せられたことばです。会談後、ソ連外務省情報局長ゲンナージ・ゲラシモフの語ったこの有名なセリフは、米国とソ連というふたつの超大国がいがみあっていた時代が、まさに終わりつつあることを示唆していました。

どうしてこんなに小さな島が、これだけの歴史的会談の舞台となったのでしょうか。じつは第二次大戦後の世界秩序をつくったヤルタ会談にあたって、チャーチル英首相とルーズベルト米大統領がマルタで会って事前調整をおこなっていました。そして独立後のマルタは非同盟中立の立場から国際政治においてしたたかな全方位外交を貫いてきていました。独立後も居座りつづける英軍に対して基地使用料を三倍につりあげると同時に、その駐留目的をNATO防衛のためだけに限定させたり、さらにはアラブ諸国に対する敵対行為を行わないことを認めさせたりしています。冷戦下の中立外交のおかげで、西側の米国はもちろん、いわゆる東側の国々や中国、そしてリビアなどのアラブ諸国からも巨額の資金導入と技術支援をとりつけることに成功しています。地中海沿岸都市を対象とした交易で大いに潤った古代フェニキアの民の末裔にふさわしい、巧みな交渉術といえるのではないでしょうか。

またマルタはこうした中立の理念にもとづいて、独自の産業振興に力を注いできました。経済発展段階説で有名な経済学者のW・W・ロストウは、経済が離陸（テイクオフ）するためには、一定の準備期間が必要であると強調しています。この期間に欠かせないのが、産業基盤の整備です。マルタはそのために必要とされる資金調達を、非同盟中立外交を駆使して行っていました。ある意味でマルタ共和国の繁栄は、東西冷戦構造というひとつの時代状況のせめぎ合いのなかで、マルタ政府の巧みな外交交渉力が発揮されて成し遂げられたといっても過言ではありません。このことは、かつての琉球王府が〝万国津梁〟を外交の基本方針に据えて大交易時代を築き上げ繁栄を手繰り寄せたこととも重なります。

4　経済発展への取り組み

つぎに、自国の平和と繁栄が不可分であった、このマルタの経済発展への取り組みをみていきましょう。いまでこそ経済発展を遂げ、外交的なプレゼンスも大きいところですが、戦争で大きな被害をうけたマルタには見るべきものがこれといって残っていない状態でした。このあたりは沖縄とまったく同じです。さらに戦後の移民政策もよく似通っています。マルタ政府は、経済復興に取り組むいっぽうで移民を推奨しましたので、一九八〇年代の終わりまでにトータルで五〇万人から六〇万人の人が海外へ移住しています。(3)移民の数は一九六〇年代中頃にピークを迎えますが、そのなかにはとうぜんたくさんの優秀な技術者も含まれていましたから、貧

図９−１　振興計画別産業構造の変化

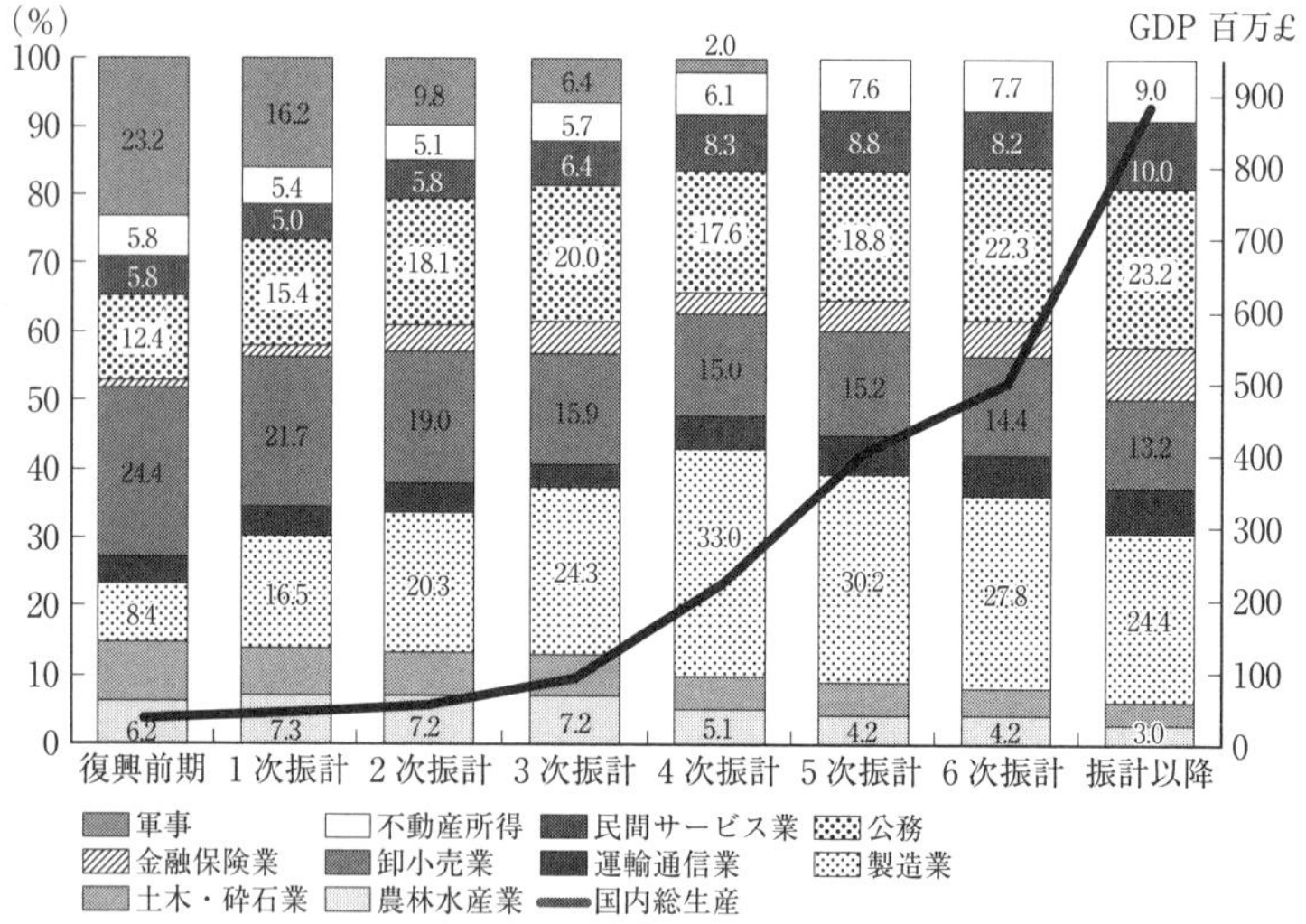

しいマルタの経済にとっては必ずしも良いことばかりではありませんでした。

もともと一九五〇年代後半までのマルタは、基地経済と卸売業が産業全体のほぼ半分を占める基地依存型の産業構造をしていました。この頃のマルタ経済の課題は、まさに英国統治下で深く染み込んでいたこの基地経済からの脱却だったのです。図９−１でもあきらかなように、本格的な復興は一九五九年の第一次振興計画に始まります。それから一九八八年までの二九年間、マルタ政府は全部で六回にわたる振興計画を遂行していますが、この全期間を通し、またそれ以後も産業構造は変化しつづけて国内総生産が右肩上がりに勢いよく伸びています。

写真９―１　マルタの乾ドック
（出所）　筆者撮影。

写真９―２　マルタのフリーポート
（出所）　筆者撮影。

一連の振興計画の前半でとくに目覚ましかったのが、製造業の成長です。マルタ政府がまず振興計画の最優先においたのが乾ドックの拡充整備でした。マルタにはグランドハーバーという天然の良港がありますが、ここはかつてマルタ騎士団がオスマン・トルコの大軍を撃退したところです。マルタが独立する少し前、英国総督府の指導の下、この港の軍用乾ドックが商業用の造船・船舶修理施設へと転換すると、そこを利用する英国艦船が急増しました。港湾地区には造船・修理技術を身に着けた人たちが働いており、マルタ政府はこうした人材を最大限活用したのです。こうして一九六四年の独立のあとも宗主国英国との軍事的な関係はしばらくつづきます。

さて、英国との防衛協定が切れた一九七〇年代初め頃、交渉上手なマルタ政府は、こんどは中国と協定を結びマルタ造船所の拡充にひきつづき力を入れています。マルタにとって良かったことは、中国から巨額の開発資金を無利子で借り入れることができたことです。また、技術者も中国から大勢受け入れることができました。マルタ政府は、中国から借りた一億元をつかって巨大タンカー用のドックを建設します。マルタの乾ドックは、今では欧州でも有数の造船・修理施設であり、得意先は世界四〇カ国に広がっています（写真9－1参照）。

一方、協定相手である中国にとってのとくに大きなメリットは、ヨーロッパとアフリカのちょうど真ん中の地中海に経済活動のための拠点を設けることができることにありました。じつはこれもマルタ政府にとって願ったりかなったりのプランでした。せっかく良い港があるのだからフリーポートを作ろうということになったのです。このフリーポートはドイツのハンブルグ港湾当局の技術協力で実現し、中国のヨーロッパ向け輸出中継基地として、欧州有数のコンテナ取扱量を誇るまでに発展しています。マルタフリーポートには、貨物積み下ろし用ガントクレーンなど最新装備や広大な保管庫も備わっており、ここから出荷されていく一次加工品は、広く地中海、黒海、紅海、アラビア海の沿岸地域のマーケットへと出荷されていきます。一九九〇年代初めからの伸びを見ると、約一〇年後の二〇〇〇年代初めには船舶数とコンテナ数ともに六倍以上にもなっていることが分かります（写真9－2参照）。

マルタ経済を牽引する製造業は、第一次振興計画から第四次振興計画までの期間（一九五九年～一九七九年）に目覚ましい成長を遂げる一方で、振興計画が始まる前に二三％を占めていた軍事産業の割合は着実に減少し、第四次振興計画の終了する頃にはとうとうゼロになってしまいました。造船部門が牽引する製造業が、宿願であった基地経済からの脱却を可能にしたのです。このことは、沖縄県の振興計画を策定する際、参考になる事例です。

5　マルタに見る沖縄の可能性

以上、小国マルタの事例を駆け足で見てまいりました。詳しくふれることはできませんでしたが、マルタは国際観光地としても知られており、二〇〇三年の統計をみると英国、ドイツ、フランスなどから一一三万人の観光客がマルタを訪れたことが分かります。一九六〇年代にはたった二、三万人ほどで、しかも隣国のイタリアやスペインからくる人がほとんどだったことを考えると、たいへんな発達ぶりであることがわかります。いまやマルタ航空は欧州主要都市にネットワークを構築し、マルタは地中海有数の観光地を形成するにいたっており、観光業は、先にふれた製造業、そして公的部門とならんで、マルタの経済を支える三つの基幹産業のひとつとなっています。

また、マルタの首都バレッタはテレビや映画のロケ地としても有名です。古くからの要塞の街であるバレッタでは、第二次大戦で遺跡の多くが損傷してしまいましたが、その後復興されて現在は世界遺産にも登録されています。さらに洋上シーン撮影のための巨大な水タンクを二カ所に設置するなど映画ロケの誘致につとめ、スティーブン・スピルバーグ監督の『ミュンヘン』やラッセル・クロウ主演の『グラディエーター』といった数々の名作のロケ地となるなど、知る人ぞ知る映画撮影のメッカともなっています。その他、建材としてよく利用されるマルタストーンの採掘施設や、工学部や医学部を含む一七学部、一八研究科からなる、学生数一万一〇〇〇人の総合大学のマルタ大学など、マルタ共和国の魅力を数えあげればきりがありません。平和と繁栄の道はもちろん一本ではありませんが、マルタの躍進にみる〝平和のロジック〟が私たちに教えてくれるのは、島嶼性に根ざした国際平和の理念を構築し、こうした理念を確実に経済振興へつなげていくことができるということです。

最後に、あらためて私たちの沖縄の状況をみてみましょう。日本は平和主義を標榜する一方で、国の安全保障の負担を沖縄というひとつの自治体に担わせており、戦後せっかく築き上げて来た民主国家の矜持を、残念ながら放棄してしまっているといっても過言ではありません。こうしたなかにあって、日本国憲法の前文で定める「国家の名誉にかけ、全力をあげてこの崇高な理想と目的を達成することを誓ふ」という文言を具現化するため、日本国民はどうしたらいいのでしょうか。私は憲法が標榜する平和国家日本を主導できる数少ない自治体のひとつが沖縄県だと考えています。お亡くなりになった翁長雄志知事は、二〇一五年の議会答弁で、沖縄は「平和の緩衝地帯」であり、「アジアの国連関係、ASEAN（東南アジア諸国連合）などの会議の場所を沖縄が担うなど、平和を模索することが三〇年、五〇年スパンの沖縄の目標」であるべきだと語りました。将来的に基地の過重負担から完全に解放されたうえで、中長期的な視点で日本とアジアの平和に貢献したいとの考えを示されたのです。

私は、この沖縄が小国マルタの具現化する〝平和のロジック〟にもとづいて、国際的な安全保障会議や外交交渉等のための国際機関の誘致をはじめ、平和活動に貢献する政府間協議や多国間会議等の開催に努めることで、アジア・太平洋地域の平和と繁栄に貢献すべきだと考えています。本学院初代院長を務められた仲里朝章牧師は、キリスト教の精神に基づき、沖縄を「国際的平和の島」にすべく努めることを、本学院の建学の精神に定めています。

本講座は、この遠方の目的地へ向かうひとつの歩みです。まずは道程が肝心です。ここにいる学生のみなさんが、自分の子どもや孫に託すことになる目標かもしれません。それでも、英文学者で評論家の中野好夫が、かつて沖縄で開催された日本平和学会の特別講演でユーモラスに語った、「スッポンにも似たような持続的決意」[4]を胸にともに歩み続けようではありませんか。

【注】

（1）「沖縄の平年の気候」『沖縄気象台』より二〇二〇年一月二八日取得。http://www.jma-net.go.jp/okinawa/know/kaiyo/tenko.html を参照。

（2）西修「世界の憲法を知ろう」海竜社、二〇一六年、一七四ページを参照されたい。

（3）一九七〇年代半ばになると帰国者の数が移民の数を上回るという現象が起こり始め、人口は三〇〇万人近くに達している。
一九七九年までのあいだは、英国から年間一四〇〇万ポンドの基地使用料を受け取っていたが、その後、英国軍は完全に徹底する。

（4）「小国主義の系譜―随想風に―」『中野好夫全集Ⅳ巻』筑摩書房、一九五～二〇四ページを参照。ただし、この言葉は沖縄で開催された日本平和学会における同名の特別記念講演において、アイルランドの歴史文脈に重ねて語られたものである。

＊この論考のいくつかの視点は、拙稿「小国マルタの躍進とガバナンスの可能性」りゅうぎん調査、二〇〇七年七月号、沖縄キリスト教平和総合研究所主催の二〇一一年度の連続講座「小島嶼国マルタの諸相―小国論への誘い―」、「小島嶼国マルタの非同盟中立外交と経済発展経路」、「小島嶼国マルタの拡大ＥＵ加盟と小国経済の挑戦」に拠った。

第10章　平和づくりの理論と実践
――沖縄・長崎・広島からアジア・世界へ――

木村　朗

私の研究テーマの出発点はユーゴスラビア＝ソ連紛争、連邦制と民族・ナショナリズム問題で、政府交換留学生としてユーゴスラビアに留学後は、旧ユーゴスラビア紛争（ユーゴスラビアの内戦と国家解体）に対する国際社会（とりわけ国連とＮＡＴＯ）の対応へと広がりました。また、ヨーロッパからアジアに目を転じて、日米安保体制や沖縄の米軍基地問題、九・一一事件とアメリカ帝国秩序、情報操作とメディア・リテラシー、冤罪（でっち上げ）と報道被害といった問題なども新しい考察対象とし、特に主な研究テーマとして原爆投下の問題を取り組むようになって今日にいたっています。

これから、原爆投下と核をめぐる問題、朝鮮半島問題と東アジアの平和・共存、沖縄の米軍基地問題と東アジア不戦共同体、という三つのテーマについてそれぞれ論じていきます。

1　原爆投下問題をめぐる共通認識を求めて

1　核時代の幕開けと冷戦開始の合図となった原爆投下

アジア太平洋戦争末期に米国によって日本の広島・長崎に対して行われた原爆投下は、人類にとって核時代の幕開けを告げたばかりでなく、戦後世界における冷戦の開始の合図ともなりました。つまり、原爆投下は、人類最初の核戦争ばかりでなく、戦後世界を長く支配することになる冷戦という二つの異なる「新しい戦争」の扉を開く契機となったのです。この冷戦は、第二次大戦末期における米ソ間の戦後構想をめぐる対立から生じたものであり、ある意味で戦争（それも最初の核戦争）の産物でした。また、冷戦は、米国を中心とする西側陣営とソ連を盟主とする東側陣営との間での世界市場・勢力圏をめぐる権力政治的対立と、社会体制のあり方をめぐるイデオロギー的対立という二重の相克を意味していました。この米ソ対立を中核とする東西冷戦では、東西（あるいは米ソ）双方によって「力による平和」が追求され、また核による「恐怖の均衡」によって世界秩序・社会体制ばかりでなく、人間の心の中までが日常的に支配されることになったのです。

しかし、一九八〇年代末に東側陣営の急速な崩壊という形で冷戦が終結し、新しい世界秩序が模索されるなかで冷戦期には封じ込められていたさまざまな矛盾が表面化すると同時に、戦後処理に伴うさまざまな未解決の問題が浮上しました。すなわち、民族・宗教対立の激化、南北・南南問題の深刻化、環境破壊の進行、人口爆発と飢餓・貧困の拡大、大量難民の発生といったさまざまな矛盾が一挙に目に見える形で噴出したのです。さらに、東京裁判・ニュルンベルク裁判の見直しが浮上し、米国が行った日本への原爆投下の是非と核兵器の正当性の有無、日本軍が行った重慶大爆撃、南京大虐殺、七三一部隊、強制連行、従軍慰安婦（戦時性奴隷）などさまざまな残虐行為・戦争犯罪とそれに対する戦後補償・戦後責任の追及などが改めて問われることになりました。

こうしたなかで、米国は戦後一貫して日本への原爆投下の正当性を主張し続けています。日本への原爆投下を正当化する論理は、「原爆投下が戦争を終わらせ、五〇万人から一〇〇万人の米兵の命を救った」という見方であり、今日においてもこのいわゆる早期終戦・人命救済説を前提とする原爆神話が米国の支配的な見解となっています。しかし、今日では新資料に基づく研究・検証の蓄積によって、この早期終戦・人命救済説が必ずしも当時の事実関係に基づいたものではなく、戦後権力（占領軍・日本政府など）によって意図的に作り出された「原爆神話」であることが次第に明らかになりつつあります。(1)

2　オバマ大統領による広島訪問の波紋と残された課題

二〇一六年五月二七日に現職の米大統領として戦後初めて行われたオバマ氏の広島訪問は、日本では肯定的評価が大半であったとはいえ、大きな波紋を呼びました。まず異例だったのが、訪問前から日本側からさまざまなルートを使って、「謝罪の必要なし」との事前の根回しがされたことです。これはオバマ大統領の広島訪問に反対する米国世論への配慮であったとはいえ、少なからぬ被爆者の「謝罪して欲しい」との心情を傷つけたのも事実です。

この問題をめぐっては、「私は謝罪があれば歓迎するが、謝罪は何も変えないと思っている。しかし、〝原爆投下はどうあっても間違いだ〟と言うことは謝罪より重要で、未来を変えると考える」とのピーター・カズニック氏（アメリカン大学教授）の言葉が注目されます。カズニック氏は、その一方で、「原爆投下の判断に触れないことでオバマ氏は国内の批判をかわせるかもしれない。しかし、同時に、真にノーベル平和賞に値する歴史的な機会を逃すことになるだろう」とオバマ氏の曖昧な姿勢を批判しています。(2)

このカズニック氏と、原爆投下を正当化する米国内の「神話」と闘っているオリバー・ストーン氏（映画監督）は、「米国は今の段階では、最低でも原爆投下の是非について〝議論の余地がある〟と認めるべきだと考えている。……オバマ氏は広島へ行って、〝原爆投下は軍事的には必要がなかった〟と言うべきだと思う。そして、投下を謝罪した上で、平和に関与していくと言えば、オバマ氏の訪問はすばらしい」としたうえで、現職大統領としての立場からそのことを表明することは困難であっただろう、と語っています。

実際にオバマ氏訪問を広島で見守ったカズニック氏は、オバマ大統領の初の被爆地訪問自体は一定評価する一方で、「七一年前、空から死が降ってきて世界が変わった」と表現した演説内容については、「嘘だ。死は、米国の原爆投下によるものだった」と厳しく批判しています。(3)

私自身、一方では、オバマ大統領の二面性や「アメリカ例外主義」の問題性を指摘するこの二人の立場・見解に大きな共感を覚えます。しかし他方で、原爆投下の是非と軍事的必要性の有無を関連付ける、こうした「議論の枠組み」そのものに大きな違和感があります。原爆投下と真珠湾攻撃を対比させて、双方が相殺できるかのような議論も同様です。そうした違和感は、原爆(核兵器)を「絶対悪」とみるか、「必要悪」とみるかという違いからきています。私は、原爆(核兵器)は非人道的かつ究極的な「悪魔の兵器」であり、それを開発・保有すること、ましてや平時において威嚇・挑発の道具として用いるだけでなく、戦時において使用することは道徳的にも法的にも決して許されることではないと考えています。

ナチス・ドイツの「幻の原爆(核兵器)」に怯えて核兵器開発(マンハッタン計画)に着手したことはまさに今日まで続く核抑止論の原点となりました。また、ナチス・ドイツが核兵器開発を断念したことが判明した後も原爆開発を続けて完成させたことも明らかに誤りでした。さらに、それを降伏直前であった日本に対して事前警告もせず、「無条件降伏」を盾にして降伏する余裕も与えず、広島と長崎に二発の原爆を立て続けに投下して非戦闘員を大量虐殺したことは、重大な戦争犯罪であったことは明白です。

オバマ大統領の広島訪問は、原爆投下の誤りを率直に認めて核抑止論の否定の上に立った核廃絶への明確なビジョンを提示することにはなりませんでした。原爆投下の是非の決着や被爆者への直接謝罪はむろんのこと、朝鮮人・韓国人犠牲者への追悼や、もう一つの被爆地である長崎への訪問など、残された課題は重く大きいといえます。何より問題なのは、日米安保体制の下で米国の「核の傘」に依存し、現在でも原爆投下を正当化し核兵器の保有・威嚇・使用を肯定している米国政府を正面切って批判することができず、原爆投下を「戦争犯罪」として明確に告発する被爆者たちの声に一向に耳を傾けようとしない日本政府の不誠実な対応・姿勢であることはいうまでもありません(4)。

2　朝鮮半島和解のダイナミズムと東アジアの平和・共存

1　朝鮮半島和解の動きと東アジアでの冷戦構造解体への課題

米国では、世界的な規模で米軍の位置づけと同盟国の役割を根本的に見直すと宣言しているトランプ新大統領が、二〇一七年一月に登場しました。このトランプ新大統領によって、第二次大戦後一貫して続いてきた「パックス・アメリカーナ」がどのような形で終焉を迎えるのかが注目されています。(5) このパックス・アメリカーナの衰退は、世界的規模で資本主義が行き詰まり、民主主義との両立がきわめて困難になってきていることを示しています。

近年の東アジア地域では、尖閣諸島をめぐる日中間の対立や南シナ海をめぐる中国と米国および周辺諸国の摩擦などが生じています。一方、北朝鮮による相次ぐ核開発・ミサイル発射実験で米日韓三カ国との緊張が高まっていました。その後、情勢の大きな変化があり戦争勃発の危機は遠ざかったとはいえ依然として楽観はできません。その背景として、朝鮮戦争が未終結であることや、米日韓三カ国合同軍事演習や先制攻撃戦略などの北朝鮮敵視政策がいまも続いていることが指摘できます。こうした状況をより詳しく見てみましょう。

二〇一七年の核戦争勃発直前といわれた危機的状況から朝鮮半島和解のプロセスへと一挙に事態が好転した最大の要因は、何と言っても韓国の文在寅大統領の存在であり、その勇気ある決断とイニシアティブが大きいといえます。北朝鮮は昨年末まで、米国だけでなく中国との関係も悪化して国際的に孤立する状況に追い込まれていましたが、そこに手を差し伸べたのが文在寅大統領でした。文在寅大統領はグレーテス国連事務総長と連携して行った平昌冬季五輪への北朝鮮代表団の招致を手始めに南北首脳会談にこぎつけただけではなく、米韓合同演習の容認などの北朝鮮の柔軟な対応を引き出して、米朝首脳会談の橋渡しも行いました(6)。特に注目されるのは、トランプ大統領の「中止」発言後に直ちに二度目の南北首脳会談を行って、再び硬直し始めた北朝鮮の態度を変えさせて米国との首脳会談の仕切り直しにつなげたことです。また大きな転機となったのが、二〇一七年一一月二九日の北朝鮮による米国本土全域を攻撃できる弾道ミサイル「火星15」の発射実験でした。この実験の「成功」によって北朝鮮は米国の核による先制攻撃を断念させるだけの強力な戦争抑止力を保有するにいたり、祖父の時代からの宿願であった米国と対等の立場での話し合いができる環境を手に入れたといえます。その自信が、北朝鮮のその後の米韓合同軍事演習の容認や核実験場の一方的廃棄などの譲歩につながったのです(7)。

また、二〇一八年六月一二日にシンガポールで開催された朝鮮戦争後初めての米朝首脳会談については、日米両国では、「非核化の時期・検証方法など具体的な対策が欠如している」「北朝鮮にあまりにも譲歩し過ぎ」という意味で「失敗」であったといわんばかりの否定的な評価・論評が多く出されました。しかし、そうした見方は大きな間違いであり、全くの見当はずれです。なぜなら、今回の米朝首脳会談の最大の目的は、「非核化」ではなく「戦争防止」、すなわち「朝鮮戦争の終結」に向けた「緊張緩和」と「信頼醸成」にあったからです。その意味で、一時は中止かと思われた米朝首脳会談が無事に開催されただけでも大きな意味があったといえます。また、米朝両国の首脳が最後まで決裂することなく、敵対関係の解消と新しい平和秩序の構築に向けた和平プロセスを開始するという合意文書に調印したという点で極めて画期的であり、東アジアでの冷戦構造を終結させる「世界史の大転換点」となったと評価できます。特に注目されるのは、トランプ大統領が米韓合同軍事演習の中止を示唆するとともに、在韓米軍の将来的な縮小・撤退についても言及したことです。これは、大統領選挙中からのトランプ氏の持論であり、米国が「世界の警察」の役割を果たし続ける意思がないことをあらためて表明したことを意味します。

しかし特に注意が必要なのは、この朝鮮半島問題をめぐって米日韓三カ国内部で大きな摩擦・軋轢が生じていることです。そのことは、その後の揺れ動く国際情勢の中でかなりの紆余曲折を経てようやく開催された二〇一九年二月のハノイでの二回目の米朝首脳会談が、結局、米朝二国間での合意ができずに不首尾に終わったことからもよく分かります(8)。

2　トランプ政権内部での軍産複合体をめぐる暗闘

ここで見逃せないのは、トランプ政権内部での軍産複合体をめぐる暗闘がたびたび表面化していることです。トランプ大統領の意向を無視して、公の場で北朝鮮が最も警戒する「リビア方式」に意図的に言及するなどしてシンガポールでの一回目の米朝首脳会談開催を頓挫させせようとしたボルトン補佐官やペンス副大統領などの強硬派・ネオコンの存在がそのことを物語っています。そのグループはハノイでの二回目の米朝首脳会談でも合意成立を阻む動きをした可能性が高いと考えられます(9)。

こうした閣内不一致が見られるのは、一方的攻撃を受けながらもトランプ大統領が軍産複合体やネオコンといった戦争遂行勢力とはあくまで一線を画すという姿勢を選挙中から貫いているからに他なりません。そうした意味では、今後も軍産複合体やネオコンによる妨害・抵抗が予想されますが、トランプ大統領がこれまでの姿勢を変えることなく最後まで貫くことができるかが注目されます。

二〇一八年六月のシンガポールでの最初の米朝首脳会談での合意内容に「完全で検証可能かつ不可逆的な非核化(CVID)」が含まれておらず、代わりに段階的非核化である「朝鮮半島の完全な非核化」が盛り込まれた点も批判の対象となっていますが、私はある意味で至極妥当であると思っています。なぜなら、CVIDは北朝鮮へ全面的譲歩を迫る米国による一方的要求であり、北朝鮮にとって受け入れがたい「リビア方式」(核・ミサイルを全面の放棄させたうえで力による政権転覆を行うやり方)につながる考え方だからです。

また、二〇一九年二月のハノイでの二回目の米朝首脳会談でも、北朝鮮の「完全な非核化」がなされなければ一切の制裁解除は認められないとするボルトン補佐官とそれに同調したポンペオ国務長官などの強硬姿勢に金正恩委員長ら北朝鮮側が反発し、それまで順調であるかに見えた米朝首脳会談が急に雰囲気が変わって、結局は不首尾な結果に終わってしまいました。それから今日までに出されてきた各種情報から、米朝二国のトップであるトランプ大統領と金正恩委員長には依然として強い信頼関係があること、北朝鮮側がボルトン補佐官とポンペオ国務長官を名指しで非難して次回からの交渉から外すことを求めてきたこと、今回の米朝首脳会談での米国側の対応の急変には米国議会での「ロシア・ゲート」疑惑追及の公聴会開催という圧力の影響があること、などが明らかになっています[10]。

こうして二〇一八年四月の南北首脳会談開催によって端緒が開かれた朝鮮半島における和平プロセスは、二〇一八年六月と二〇一九年二月の二度の米朝首脳会談の開催をめぐってさまざまな紆余曲折がありながらも、二回目の米朝首脳会談後に「ロシア・ゲート」疑惑が一段落したこともあって、米朝両国とも今後も交渉を継続してできれば二〇一九年内にも三回目の首脳会談を開催する方向も出始めています。こうした米朝両国の冷静で抑制のきいた姿勢は、東アジアの平和構築にとって歓迎すべきことであるのは確かです。

3 日本の国際的孤立と対米従属――北朝鮮問題をめぐる安倍外交の破綻――

日本政府はここ数年の北朝鮮の核・ミサイル開発をめぐって生じた朝鮮半島危機に対して、

国連決議に基づく制裁だけでなく日本独自の追加制裁の実施と日米軍事一体化による抑止力強化というかたちで一貫して強硬姿勢で臨んできました。しかし、「最大限の圧力」のみを重視し、「対話のための対話は無意味」とする硬直した対北敵視政策は、朝鮮半島和解のダイナミズムのなかで日本が完全に蚊帳の外に置かれる孤立状況をもたらしています。まさに外交の不在、すなわち安倍外交の破綻と言えます。

こうした北朝鮮による日本人拉致問題を口実とした硬直した日本政府の対応には大きな疑念を抱かざるを得ません。二〇〇二年の小泉訪朝から一六年間も拉致問題の解決に大きな進展が見られなかった最大の理由は、元家族会事務局長の蓮池透氏の「安倍さんは嘘つき」という告発(11)にもあるように、日本政府がこの拉致問題の真の解決に背を向けて政治利用に終始したことに大きな原因があると思われます。本来ならば日本政府は、朝鮮半島の分断と朝鮮戦争への介入という植民地責任・戦争責任を負っていることを直視して、真っ先に朝鮮半島の和解と南北の自主的平和的統一に尽力する義務がありました。また、強制連行や慰安婦をめぐる問題にも誠心誠意の反省・謝罪と賠償を行わなければならない立場です。もし安倍政権が今後も強硬姿勢をとり続けるならば、対米従属と国際的孤立がさらに深まるばかりでしょう。金大中政権、盧武鉉政権、そして文在寅政権といった韓国の経験に学んで、日本でも対米自立を志向した細川政権―鳩山政権の政治的流れを受け継ぐ真の国民的政権を早急に樹立することが、いまこそ求められています。

3 沖縄の米軍基地問題と東アジア不戦共同体の構築

1 日本の民主主義を問う――日本は本当に独立国家・民主国家なのか――

いまの日本は民主主義からファシズムへ、平和国家から戦争国家へと移行・転換しつつあります。また戦後日本は、真の意味での独立国家・民主国家でありえたことは一度もありませんでした。それは、戦後の日本政府による沖縄への一貫した差別的な対応をみても一目瞭然です。沖縄問題は、沖縄独自の問題ではなく、日米両国、とりわけ日本の問題であることはいうまでもありません。戦後の日本は米国の属国同然であり、沖縄は米国（とりわけ米軍）および日本の二重の植民地状態に置かれ続けていると言っても過言ではありません。また沖縄問題は、軍事・安全保障の問題である以上に、人権・民主主義の問題なのです。

岩屋毅防衛相は二〇一九年二月二六日の記者会見で、辺野古新基地建設に伴う埋め立ての賛否を巡る県民投票の結果に対して「沖縄には沖縄の民主主義があり、国には国の民主主義がある」と述べました。この発言には、「辺野古に新基地建設は許さない」との故翁長雄志知事の遺志を継ぐ玉城デニー氏が圧倒的支持で勝利した二〇一八年の沖縄知事選や辺野古新基地建設反対が多数を占めた県民投票に示された沖縄の民意をまったく無視して、「辺野古移設が唯一の選択肢」を繰り返して辺野古新基地建設を強行する、安倍政権の本質がそのまま現れています。

いま問われているのは、沖縄の民主主義ではなく、日本の民主主義です。否、日本における民主主義の欠如、すなわち「民主主義を装ったファシズム」です。その意味で、「（沖縄と日本の民主主義は）全く同じだと思う」との岩屋毅防衛相の釈明も誤りです。手続き的にも内容的にも憲法違反の疑いが濃い安保法制や秘密保護法を制定して暴走する強権的な安倍政権を許容している日本本土のメディアと世論の責任も極めて大きいといえます。この国では司法も国会も劣化しており、もはや三権分立がほとんど機能していないというのが現状です。

いまの日本で民主主義が機能しているのはかろうじて沖縄のみであると言っても過言ではありません。それは、権力の監視の役割を放棄した日本本土と違って、沖縄のメディアと世論がまだ健全だからです。戦後二七年間、憲法が適用されなかった沖縄に本土同様の民主主義がなかったのは確かですが、いまは逆です。いまの日本の危機的状況を打開するためには、日本本土こそが沖縄の経験と民主主義を学び直さなければならないのです(13)。

2 「平和の要・拠点」としての沖縄と東アジア不戦共同体の構築

日本国憲法は、先の大戦（日本の侵略と植民地支配）の反省をふまえて、二度とそのような過ちを繰り返さないことをアジアと世界に誓ったものであると同時に、世界非武装化の理想実現のさきがけの役割を日本が果たすことを宣言したものであるといえます。安倍政権によって、二〇一五年九月に強権的に導入された一連の安保法制（＝戦争法）は、手続き的にも内容的にも日本国憲法と背反するものであり、日本が再び誤った国策によって戦争への道を歩むきっかけを作る手段であって到底許されないものです。

いうまでもなく戦争は平和の破壊であると同時に最大の人権侵害であり、平和学者である私にとって耐え難い苦痛をもたらすものです。とりわけ、来るべき戦争が全面的な核戦争となる可能性もあり、そうなるとしたらこれまでにない惨禍と犠牲をもたらすことは明白です。それは、これまで長年原爆投下問題に取り組んできた私にとって、正常な精神を保つことが困難となるほどの際限のない恐怖と筆舌に尽くしがたいほどの絶望を強いるものとなっています。

日本は二〇一七年、明治維新一五〇周年を迎えましたが、その歴史は光と影の両面を持っていることは確かです。私たちは、明治維新以降の日本の歩みを大日本帝国の栄光の歴史として無批判に礼賛するのではなく、その負の遺産としての植民地主義を直視しなければなりません。それは、明治維新以降の日本が、東アジアで唯一の帝国主義国としてアジアの近隣諸国に対して、侵略戦争と植民地支配を行った加害国であるという歴史的事実を認識することです。今日にいたるまで中国や韓国・北朝鮮などのアジアの近隣諸国との間で歴史認識をめぐる対立・摩擦が繰り返し生じるのは、日本側のこうした加害の歴史的事実に対する認識・自覚の欠如に最大の原因があることは明白です。

現在の日本は民主主義からファシズムへの移行、平和国家から戦争国家への転換という歴史的岐路に立たされています。新安保法制法の制定はその歴史的転換の象徴的出来事です。アジア地域に、とりわけ朝鮮半島や沖縄を巻き込む形で再び悲惨な戦火を招き寄せないことが喫緊の課題となっています。その意味で、この国をかつての戦争への道に向かわせようとしている安倍政権の暴走にブレーキをかけ、事実上の「改憲クーデター」を止めることになるであろう、新安保法制法の無効を求める今回の違憲訴訟が大きな意義を持っていることを確信しています。

いま最も緊急な課題は、東アジア地域で起きつつある異常事態の冷静な把握と最悪の事態である戦争を避けるための具体的方策を実行していくことです。そうしたなかで注目を集めているのが東アジア共同体構想であり、この構想は、東アジア地域での経済統合と恒久的な安全保障の枠組みを作ることを目指しています。そして、東アジア地域において再び戦火を招かないためにも沖縄を軍事の要から平和の要に転換させるとともに、そこから東アジア不戦共同体の構築を進めていくことがいまこそ求められているのです。

このような状況のなかで、二〇一八年四月二七日の板門店での朝鮮半島の非核化への決意を表明した歴史的な南北首脳会談に続き、一時期は開催が危ぶまれた米朝首脳会談が当初の予定通り、六月一二日にシンガポールで開催されました。その前年（二〇一七年）の北朝鮮による新型大陸間弾道ミサイル「火星15」の発射実験によって米朝関係は核戦争勃発寸前の危機的状況にあったことを考えると、考えられないほどの急展開でした。ところが、その後、今年二月に再びベトナムのハノイで開催された米朝首脳会談では大方の予測に反するかたちで米朝両国間の合意ならずという期待外れの結果に終わりました。こうした朝鮮半島をめぐる目まぐるしい動きの背景には何があったのでしょうか。

また沖縄ではここ数年、普天間基地移設問題をめぐり、辺野古への移設（事実上の新基地建設）が「唯一の選択肢」とする日本政府と沖縄県の対立が先鋭化しており、沖縄の米軍基地の存在意義そのものが問い直されようとしています。その一方で、沖縄では、朝鮮半島が平和になれば在韓米軍だけでなく在日米軍、とりわけ在沖縄米軍の撤退にもつながるとの期待も生まれています。

ところが、こうした朝鮮半島の和解の動きに、日本政府は日本人拉致問題だけを最優先する後ろ向きの姿勢に終始し、まったくの蚊帳の外に置かれているのが現状です。しかし、本来ならば日本こそが朝鮮半島和解のプロセスに積極的に関与し、南北朝鮮や米朝両国の仲介者としての役割を演じなければならない立場でしょう。なぜなら、朝鮮半島分断は日本の植民地主義の負の遺産として引き起こされたのだという歴史的責任もあるからです。最大の問題は、現在の日本政府だけでなく圧倒的多数の日本国民が、こうした日本の植民地主義責任にまったく無自覚・無関心であることです。

そこで、このような対立・緊張から和解・協調へと揺れ動く朝鮮半島の動きの背景を日本の植民地主義責任との関連で探るともに、現在の朝鮮半島の情勢分析から今後の朝鮮半島問題の真の解決と、東アジアでの冷戦構造の解体に向けて私たちはいま何をすべきなのかを、特に沖縄からの視点を重視するかたちで考えてみることが最も重要な課題となるでしょう(14)。

【注】

(1) 筆者とピーター・カズニック氏との共著『広島・長崎への原爆投下再考 日米の視点』法律文化社および筆者と高橋博子氏との共著『核の戦後史』創元社など、を通して筆者が明らかした重要な論点は、以下のとおりである。

・ナチス・ドイツの「幻の核」に怯えて着手された原爆(核兵器)開発は、核抑止論の原点であり、大きなボタンのかけ間違い(誤り)であった。

・ドイツの原爆開発断念の事実が確認された段階でも原爆の開発を止めずにマンハッタン計画を続け、完成した原爆を降伏間際の日本に投下したのは国際法違反の戦争犯罪といえる。

・原爆投下によって終戦が早められたのではなく、むしろ原爆開発・原爆投下のために終戦は意図的に延ばされた。

・原爆投下は日米両国がそれぞれ「国体護持」と「無条件降伏」に固執したうえで生まれた悲

惨な出来事であり、ある種の「日米合作」であった。
・原爆投下の真の動機・目的は、日本降伏（早期終戦・人命救済）のためではなく、ソ連への威嚇・牽制と戦後世界における覇権の誇示、そして何よりも新型兵器の実験（とりわけ、人体実験）として行われた。
・日本が降伏したのは、原爆投下よりもソ連参戦の影響が大きかった。決定的だったのは、日本に「国体護持」（天皇制維持）を暗黙裡に承認したバーンズ回答であった。

（2） ピーター・カズニック「誤り認める　謝罪より重要」『朝日新聞』二〇一六年五月二二日付、を参照。

（3） オリバー・ストーン「原爆正当化『神話』と闘う」『朝日新聞』二〇一六年五月二二日付、を参照。

（4） 木村朗「原爆神話の呪縛からの解放を求めて（上）」『琉球新報』二〇一六年八月四日付、を参照。

（5） 木村朗「トランプ新大統領と世界秩序の大転換―変貌する〝テロとの戦い〟―」雑誌『ピープルズ・プラン』第七五号、「特集　オバマからトランプへ―変化するアメリカを掴む―」所収、を参照。

（6） 和田春樹「朝鮮半島の非核化と日本海・日本列島・沖縄の非核化」『世界』二〇一八年七月号、を参照。

（7） このことを早い段階で「和平への大きなチャンス」であると指摘していたのが鳩山由紀夫元首相である（『サンデー毎日』二〇一八年五月二七日号を参照）。

（8） 和田春樹「朝鮮半島の非核化と日本海・日本列島・沖縄の非核化」『世界』二〇一八年七月

号、を参照。
(9) 木村太郎のNon Fake News「やはりあった政権転覆をはかるディープステート集団　NYタイムズ紙匿名投稿記事が暴露」https://www.fnn.jp/posts/00364750HDK、飯田浩司のOK! Cozy up! ニッポン放送二〇一九年三月一日「米朝首脳会談での交渉が決裂した本当の理由」http://www.1242.com/lf/articles/161332/?cat=politics_economy&pg=cozy などを参照。
(10) FNN.jpプライムオンライン「〝北〟高官、ボルトン氏も批判　ポンペオ氏に続き……」二〇一九年四月二一日一一時四四分配信 https://headlines.yahoo.co.jp/hl?a=20190421-00010000-houdoukvq-int を参照。
(11) 蓮池透『拉致被害者たちを見殺しにした安倍晋三と冷血な面々』講談社、二〇一五年、を参照。
(12) 平野貞夫・高野孟・木村朗『「昭和・平成」戦後日本の謀略史』詩想社、二〇一八年、を参照。
(13) 拙稿(『琉球新報』二〇一九年四月二一日付、論壇への寄稿文)を参照。
(14) 木村朗編著『沖縄から問う東アジア共同体』花伝社、二〇一九年、を参照。

第11章 沖縄の「平和教育」の歩み

―成果と課題を考える―

新城俊昭

私の専門は、歴史教育・平和教育です。今日は、沖縄の「平和教育」の歩みから、その成果と課題についてお話ししたいと思います。

沖縄の六月は鎮魂の月です。わが国は第二次世界大戦において、多くの尊い生命を失いました。激しい地上戦が展開された沖縄では、県民の四人に一人が犠牲となりました。このような悲惨な体験をした沖縄県では、日本軍の司令官指揮による組織的戦闘が終結した六月二三日を「慰霊の日」と定め、戦没者の霊を慰めるとともに、戦争による惨禍が再びおこることのないよう恒久平和を誓う日としているのです。

県内の小・中・高校ではこの日に向けた特設授業が行われ、二度と同じ過ちを犯さないよう悲惨な沖縄戦の継承に努めています。しかし戦後七三年、慰霊の日の平和教育が形骸化しているのではないか、との指摘もあります。

沖縄島中部の読谷村に、沖縄戦で八三人の住民が「集団自決」に追い込まれたチビチリガマとよばれる自然洞窟があります。二〇一七年九月、この洞窟内の遺品が県内の少年四人によって破壊されるという事件が起こりました。彼らは「心霊スポットでの肝試し」という遊び心で洞窟にはいり、動画も撮影していました。驚いたことに、この場所が集団自決のあった戦跡だと知らない少年もいました。このような彼らの行為は、「平和教育が心に届いていないことを意味しているのではないか」と、波紋を呼んだのです。なぜ、そのようなことが起こったのか、平和教育の成果と課題から考えてみたいと思います。

1 日本復帰前後の平和教育

一九五二年、沖縄教職員会が結成され、「祖国復帰運動、反戦平和教育、人権擁護、子どものしあわせを守る」ことが、活動の四本柱として取り組まれることになりました。一九六二年には復帰運動の高揚にともない、同会の教育研究集会で「日本国民としての教育」の確立を目的に、国民教育分科会（一九七八年に平和教育分科会と改称）が設置されました。ただし、無批判的に行われた日本志向の教育は、沖縄の歴史的な主体性や独自性をあいまいなものにしたとの批判もありました。

一九六六年ごろ、同研究集会で日本復帰にともなう特設授業の必要性が強調され、各学校で取り組まれることになりました。一九六九年には組織的取り組みとして、四・二八「沖縄デー（屈辱の日）―サンフランシスコ平和条約発効の日（七二年の復帰後は五・一五）」、六・二三「慰霊の日―反戦平和の日」、沖縄返還にともなう佐藤訪米に向けての特設授業が各地区や支部で一斉に、一〇〇％実施されました。その後五・三「憲法記念日」、一〇・二一「国際反戦デー」、二・一一「建国記念の日」が加えられ、年間五回の特設授業がホームルーム・社会科の授業等で実践されるようになったのです。

一九七四年、日本復帰にともない改めて「慰霊の日」が県条例で制定されると、学校では「平和を考える日」として六・二三の特設授業が定着しました。しかし、教職員組合の主導で行われた平和教育には批判もありました。一九七七年、県教育委員長は「学力低下の最大の責任は現場教師にある」と発言し、「反戦平和教育についやすエネルギーがあったら、基礎学力を身につけさせるべき」と問題視したのです。もちろん、学校現場ではこうした批判に臆することなく、平和教育の実践を継続していきました。

一九七八年、沖縄県教職員組合は、平和学習の推進を目的に実践事例集を発行して各学校に配布しました。内容は、反自衛隊の取り組みが目立ちました。翌年には沖縄県高等学校教職員組合も『おきなわと平和教育　特設授業の記録』を発行しました。扉に「原罪の思想」と題した理念を掲載し、「戦前教員の償われていない罪は、われわれに引き継がれている」と記し、「二度と教え子を戦場に送らない」ための平和教育の重要性を強調しました。これら実践集に見られる取り組みは一定の成果はありましたが、学習指導要領に基づいたものではなかったこともあり、六・二三「慰霊の日」の特設授業以外はしだいに形骸化していきました。

2 「慰霊の日」学習の定着と「日の丸」「君が代」の押しつけ

一九八一年度の高校日本史の教科書検定で、沖縄戦における日本軍の住民殺害の記述が削除されました。翌年には記述回復を求める県民運動がおこり、県議会も記述回復を求める意見書を採択しました。文部省（当時）は、アジア諸国から日本の植民地政策に関する記述に批判が高まったこともあって、「近隣諸国条項」を設けて検定意見を付さないこととし、沖縄戦における住民虐殺の記述も認めたのです。これによって、多くの教科書で日本軍の住民虐殺と「集団自決」が記述され、慰霊の日の特設授業等でも住民犠牲の特徴として指導されるようになりました。

この頃、「沖縄戦記録フィルム一フィート運動の会」が設立されました。米国立公文書館などに所蔵されている沖縄戦の記録フィルムを購入し、映像を通して「戦争を知らない子どもたち」に沖縄戦の実相を伝え、平和を希求する運動を啓発することが目的でした。購入されたフィルムは、『沖縄戦　未来への証言』や映像と沖縄戦体験者の証言で綴った『沖縄戦の証言』などに制作され、学校の平和学習でも利用されました。

一九八二年、沖縄島南部地区では一一高校の生徒約一〇〇人が南部戦跡をめぐり、その体験をもとに意見交換会を行うという実践教育が行われました。学校の壁を取り払って行われた体験学習は、新たな平和学習の試みとして注目されました。一九八五年には八重山高校の生徒が、石垣島の戦跡一二カ所をビデオに収めて「未来の語り部として保存」するなど、生徒主体の実践がみられました。

一方、一九八三年に実施された高校生のアンケートでは、「戦争の悲惨さや基地問題など毎年同じような内容で退屈である」など、平和教育のマンネリ化が指摘されました。翌年には、中部地区の教師五〇〇人余を対象にしたアンケートで、自衛隊の必要性について「わからない」と答えた人が約一二％もおり、指導する立場の教師の〝判断停止〟状況が問題となりました。こうした批判のもと、教師の個別的な改善は見られましたが全体としての取り組みは弱く、問題点を抱えたまま沖縄の平和教育は続けられていきました。ただし、その意義については理解されており、慰霊の日の特設授業は定着しました。

だが、教職員組合が進める二・一一「建国記念の日」の特設授業は、指導内容に問題があるとして教育委員会から中止するよう指導されるなど、行政の介入も見られました。さらに、一九八七年の「海邦国体」開催にむけて、学校行事への「日の丸掲揚」「君が代斉唱」が強制され、生徒の卒業式ボイコットや式場からの日の丸旗取り去りなどがおこり、教育現場に混乱を招きました。沖縄の平和学習では、「日の丸・君が代」は侵略戦争のシンボルとして教えられていたからです。

3 「慰霊の日」学習の充実と求められる基地問題の指導

一九八九年、地方自治法の改正に伴う土曜閉庁の導入で、「慰霊の日」の存続が危ぶまれましたが、一九九一年に住民運動の高まりを受けて政府が特例を認め、あらためて県条例で継続されることになりました。悲惨な戦争体験をした県民の感情が国政をも動かした象徴的な出来事でした。その成果は、沖縄の教師にとって戦争を知らない世代へ平和の理念と行動について正しく伝え、平和の尊さを指導する義務を担うことを意味していました。

一九九三年三月、沖縄県教育委員会は大田昌秀革新県政のもとで、平和教育を推進するため『平和教育指導の手引き』を発行しました。これによって、各学校まかせになっていた平和学習が体系的・系統的に行われるものと期待されましたが、一部の学校を除いて活用されることはありませんでした。平和学習の理念は示されたものの、時間の確保は保障されず、学習指導要領を踏襲することが強調されていたからです。小学校音楽では「君が代を入学式・卒業式のときなどに正しく歌うことができるようにする」と指導され、中学・高校での沖縄戦教育では、日本兵による住民虐殺など沖縄戦の特徴や問題点がほとんど触れられていませんでした。

沖縄戦研究者や平和学習を推進している沖教組・高教組などからは、「これでは沖縄戦の実相は教えられない」として厳しく批判されました。とはいえ、革新県政下です。平和教育研究指定校の実践報告を見てみると、米軍用地強制使用手続き事務代行をめぐる訴訟をテーマに、教師が学校法廷劇「私たちが裁く」を演じ、全校生徒が評決を下すという実践もなされました。現在も沖縄の平和教育は、制度上この「手引き」に則って行われています。

一九九〇年代になると、各自治体でも独自の平和行政を推進するようになりました。沖縄市では、一九九三年に沖縄戦終結の九月七日を沖縄市民平和の日と定め、八月一日〜九月七日を平和月間とし、教職員向けの戦跡巡り、小中学生対象の平和学習など多彩なアクションプログラムを実施しています。なかでも、学校や地域に平和を発信・継承する人材育成として、市内の中学生を広島・長崎へ派遣する「平和大使」事業は、市民から高い評価をうけています。

一九九五年九月、沖縄島北部で米兵三人による「少女暴行事件」が起こりました。これをきっかけに、沖縄の基地問題が大きくクローズアップされ、平和教育でも積極的に基地問題が取り上げられるようになりました。しかし、沖縄の平和学習は「慰霊の日」を中心におこなわれており、継続的に基地問題を指導する学校は少数にとどまりました。

二〇〇一年、高教組・教育文化資料センターが指導する高校生平和交流集会で「東京・沖縄高校生TV平和意見交換会」が行われました。首都圏と沖縄の高校生に「平和アンケート」を実施し、双方の平和に対する意識の違いについて意見を交換するという内容でした。高校生を主体とした平和学習の交流が目的でしたが、継続的な活動にはなりませんでした。

二〇〇二年、教育課程に「総合的な学習の時間」が位置づけられたことで、この時間を利用した戦跡巡りや戦争体験者の講話、絵本の読み聞かせ、創作ダンス、平和劇などを実践する学校が増えました。二〇〇四年八月、普天間基地所属の大型ヘリコプターが沖縄国際大学本館に衝突して墜落炎上したのをきっかけに、再び平和学習に基地問題を組み込むことの重要性が指摘されました。

4　教科書検定問題と平和教育への圧力

二〇〇七年三月、文部科学省は二〇〇八年度から使用される高等学校教科書の検定で、日本史教科書の沖縄戦における「集団自決」の記述から、日本軍による命令・強制・誘導等の表現を削除・修正させました。これに対する県内の反発は強く、沖縄県議会は二度にわたる検定意見の撤回を採択し、県内の全市町村も同様の採択を行いました。同年九月には「教科書検定意見撤回を求める県民大会」が超党派で開催され、沖縄県知事をはじめ一一万人余（主催者発表）の県民が結集しました。体験者は「戦争の悲惨さと、集団自決が軍の関与なしにはおこりえなかった」ことを切せつと語り、高校生代表は「たとえ醜くても真実を知りたい」と強く訴え、検定意見の撤回と自決強制の記述回復を決議しました。これを機に、学校では沖縄戦の実相を掘り下げた指導が強化されました。

翌年六月、宜野湾市内の小学校で、「強制集団死」をテーマにした創作劇が上演されることになりました。これに対し、同校に抗議や中止を求めるメールや電話が十数件寄せられました。メールの多くが県外からで「児童に演じさせるのは洗脳だ」「学校はプロパガンダの場ではない」などとしていました。校長は「メールなどには圧力を感じたが、ＰＴＡや地域から反対の声は全くない。子どもたちも一生懸命練習しており、素晴らしいものになると考えている」として、予定通り上演しました。これまでも沖縄の平和教育の在り方について批判はありましたが、これほど大掛かりな抗議は初めてのことでした。

二〇〇九年は「宮森小学校ジェット機墜落事故」から五〇年にあたり、中部地区の学校を中心にこの事故を教訓とする基地被害の問題が平和学習で取り上げられました。

沖縄の平和教育への圧力は、県の平和事業をも後退させました。

二〇一二年三月、沖縄県は第三二軍司令部壕を沖縄戦の実相を語る重要な戦跡や平和教育・学習の場として活用するために説明板を設置しました。ところが、説明板設置検討委員会がまとめた説明文から、「慰安婦」と「住民虐殺」に関する記述が削除されたのです。担当部署への抗議を受けてのものでした。検討委員会は記述回復を求めましたが、県は「慰安婦がいた事実を証明する文献、書類がない。虐殺についても、あった、なかった両方の証言がある」と削除の方針を変えませんでした。このような批判やこれを容認する行政の動きは、平和学習を指導する学校現場を動揺させました。第三二軍壕に慰安婦がいたことは、二〇一六年に亡くなった正子・R・サマーズさんの証言でも裏付けられており、住民虐殺があったこともさまざまな資料や証言で明らかになっています。県は早急に説明版の記述回復に努めるべきだと思います。圧力に屈して沖縄戦の実相を歪めてはなりません。

二〇一二年は「日本復帰四〇年」にあたることから、復帰の意義について指導するよう県教育庁から異例の通知が出され、各県立高校で実践されました。しかし、復帰運動に関する指導方法や内容が確立していなかったため、十分な成果を上げたとは言えませんでした。

この時期、オスプレイの普天間飛行場への強行配備や、新基地建設のための辺野古沿岸部の埋め立て工事が行われるなど、これまで以上に米軍基地の存在は平和学習の重要なテーマとなりました。しかし、沖縄の平和教育は「慰霊の日」に特化しており、新基地建設に対する問題意識を深める指導は弱かったといえるでしょう。

二〇一五（戦後七〇）年、沖縄戦の体験者も高齢となり、私たちの身近には悲惨な地上戦を直に語ってくれる人が少なくなってきました。高教組と沖縄歴史教育研究会が一九九五年から五年ごとに実施している「高校生平和アンケート」でも、「家族・親族で、沖縄戦について話してくれる人」が、はじめて「いない（四三・一％）」が「いる（三九・七％）」を上回りました。その一方で、未来の語り部として、戦争体験者の証言記録や資料館等の整備、戦争遺跡の保存も進められています。しかし、現在の平和学習では沖縄戦の悲惨さは教えても、これらの施設等を利用することはほとんどありません。冒頭に述べた少年四人によるチビチリガマ破壊事件は、こうした現象が背景にあると思われます。

悲惨な沖縄戦の実相を継承するには、学校まかせではなく、学校と行政・地域・平和資料館等が連携して指導内容や指導方法を構築する必要があるでしょう。事件を起こした少年たちもガマの歴史を学んで深く反省し、彫刻家・金城実さんの指導で遺族らと野仏を制作して、チビチリガマの入り口周辺に安置しています。また、今年（二〇一八年）四月に行われた慰霊祭では、「人間としてやってはいけないことをしたと思った。本当に申し訳ありません」などと綴った謝罪文が読み上げられ、遺族会も彼らを「温かく見守りたい」と語っていることが報道されました。戦争体験者が確実に減少していくからこそ、戦争遺跡での追体験を通し、なぜ「集団自決」という悲惨な状況が起こったのか、現在の問題とも結びつけて考えさせる「平和学習」が求められているのではないでしょうか。

5　高校生アンケートに見る平和教育の成果と課題

沖縄の平和教育は、児童・生徒にどのように受け止められているのでしょうか。二〇一五年に沖縄歴史教育研究会と沖縄高教組が共同で実施した、高校生アンケートから見てみましょう。

まず、沖縄戦について学ぶ意義について。「とても大切」「大切なことである」を合わせると、九四・一％と高い数値を示しています。一般的に、過去を語り継ぐことに関する若者の意識は、年々下降線をたどるものですが、沖縄戦に関してはずっと九〇％台を維持し続

図 11−1　沖縄について学ぶことをどう思うか

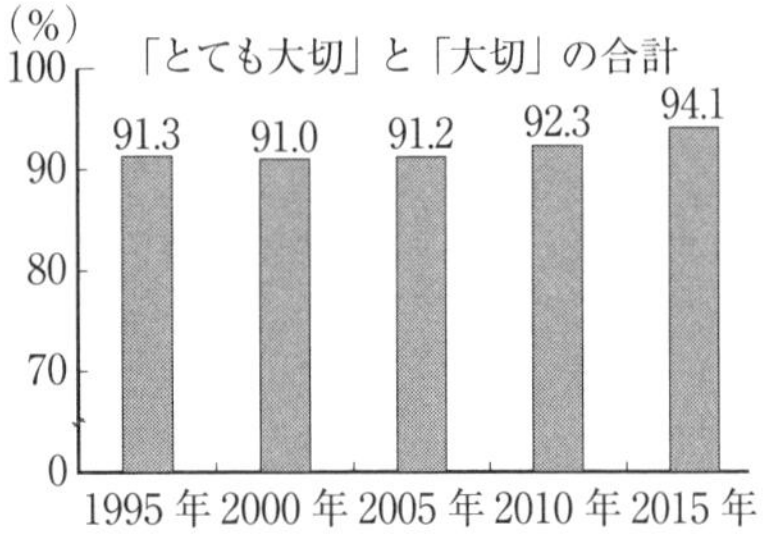

（出所）沖縄歴史教育研究会・沖縄県高教組「高校生平和教育アンケート」より。

け、今回は過去最高となっています。何がそうさせているのでしょうか。戦後七〇年、戦争体験者が減少していくなか、多くの若者が「悲惨な沖縄戦の実相を後世へ伝える継承者」としての自覚を強く抱くようになったからではないでしょうか。

また、過去の「教科書検定」問題や辺野古への新基地建設（普天間基地移設）問題に見る沖縄への「安保押しつけ」などが、高校生に危機感をもたせているものと思われます。

次に、今まで受けた平和教育の評価についてはどうでしょうか。これも、思いのほか高い数値で、「とても有意義だった」「良かった」をあわせると、八六・二%と過去最高の数値を示しています。各学校における平和学習の成果といってよいでしょう。しかし、課題も多くあります。

今回のアンケートで、最も気になったのが、基地問題に対する認識の甘さでした。

普天間基地の移設場所を問うたグラフを見てみましょう。「国外・県外へ移設すべき」が三四・六%で、「現在のまま普天間でよい」が二〇・七%もいます。しかも、これほど

図 11−2　普天間基地の移設場所についてどう思うか

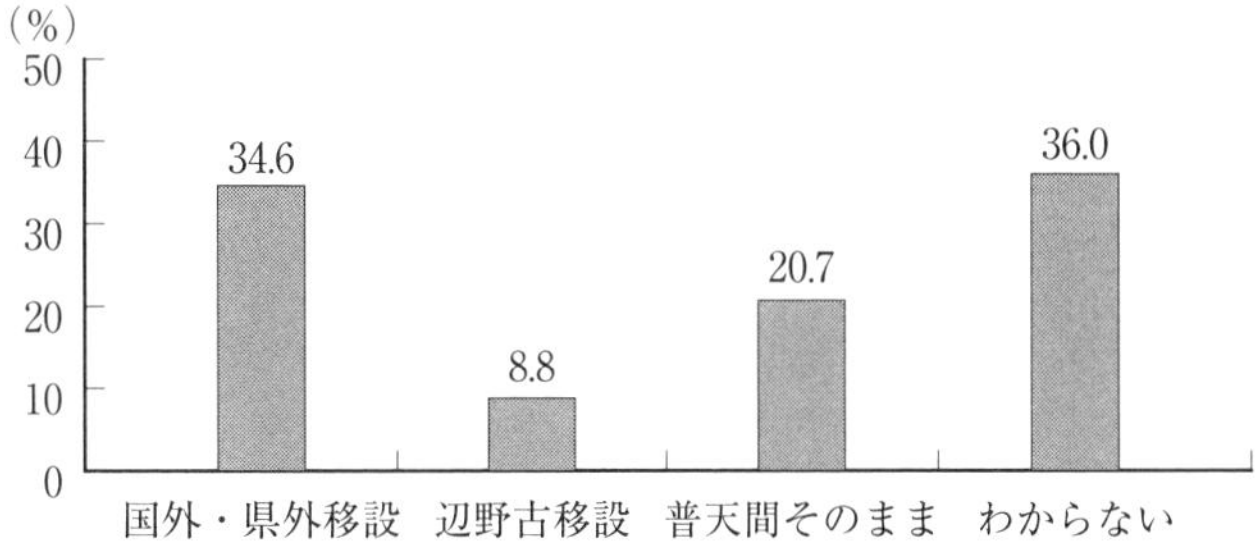

（出所）　沖縄歴史教育研究会・沖縄県高教組「高校生平和教育アンケート」より。

重要な問題にもかかわらず、「わからない」が三六％と最も高くなっています。基地との共存に違和感を抱かない世代が、徐々に増えている実態を示した数値といえるでしょう。それでも、「辺野古に移設したほうがよい」と答えた生徒は八・八％に留まっており、県民感情は理解しているようです。

高校生の普天間基地移設（新基地建設）に対する認識が甘い理由として、米軍基地の成立過程（歴史）やその役割を知らないこと、そのため普天間基地の危険性をよく理解していないこと、また、沖縄経済が基地依存で成り立っているという誤った認識を持っていること、などが考えられます。現在では、基地の存在が沖縄経済の阻害要因となっていることは県民世論の常識となっていますが、高校生にはまだ理解されていないようです。ただし、沖縄の基地問題の本質が経済ではなく、「命《ヌチ》どぅ宝《たから》」（命は何よりも大切なもの）を基本理念とする沖縄人《ウチナーンチュ》の生き方にあることは、基地問題を考えるうえでの大前提としなければなりません。いずれにせよ、戦後から現在に続く足元の歴史を教えられていないことに、高校生の基地に対する認識の甘さがあるといえるでしょう。

沖縄の文化は「やさしさの文化」とか「非武の文化」だといわれています。近世期末に琉球を訪れた欧米人が、争いを好まない琉球人を評した言葉です。そんな沖縄の人びとが、皮肉にも沖縄戦で県民の四人に一人を犠牲にするという、筆舌につくしがたい悲惨な体験を味わわせられたのです。そして米軍支配下では米人の横暴に苦しめられ、ベトナム戦争では基地を許すことは戦争の加害者にほかならないという体験をさせられました。

こうした経験から、沖縄の人たちは戦争によって国際紛争を解決するのではなく、戦争をおこさない努力をする「命どぅ宝」の精神を教訓として得たのです。「日本復帰」を望んだ沖縄の人たちが、米軍基地の「即時・無条件・全面返還」を求めたのもそのためでした。自らの意思を反映できない異国の基地を認めることは、人間としての自尊心を失うことになるからです。にもかかわらず、日米両政府は沖縄の声には耳を傾けず、全国の約七〇%におよぶ米軍基地を押しつけたままなのです。

こうした沖縄のアイデンティティや基地問題を理解するには、琉球・沖縄史をベースにした新たな平和学習を構築する必要があるといえるでしょう。

同アンケートを行った沖縄歴史教育研究会は、現行の平和教育の問題点を次のように分析しています。

①「慰霊の日」に向けたイベント的な学習となっている。
②十五年戦争の全体像がおさえられていない。
③加害国の一員としての視点が弱い。

④琉球・沖縄史が教えられておらず、「廃琉置県」以後の日本への同化・皇民化政策を受け入れていった沖縄人《ウチナーンチュ》の内面が考察されていない。
⑤広島・長崎の原爆被害など、日本本土の戦争被害が教えられていない。
⑥基地問題や国際紛争など、現在の「平和問題」と結びついていない。

⑤については、広島・長崎の原爆被害など本土の戦争被害と沖縄戦における被害とを同列に指導するべきではない、との意見があります。もっともな意見です。沖縄は明治政府によって強制併合された県であり、元から日本の一部だったわけではありません。そのため、沖縄は「外地」とみなされ、本土を防衛するために住民を根こそぎ戦場に動員し、血みどろの地上戦に巻き込んで十数万の住民を犠牲にしているからです。沖縄の戦争被害は、本土を守るために生じたものだったのです。そのことを理解するためにも、④の指摘は的を射ているといえるでしょう。③についても、皇民化された沖縄人の内面と関連付けて考えるべき問題でしょう。沖縄の平和教育は、琉球・沖縄史教育と一体になって指導されなければなりません。

①〜②の沖縄戦に関する指導については、教材がないわけではありません。むしろ豊富にあるといえるでしょう。平和学習が正規の科目でないため、時間の確保と指導体制がとれず、せっかくの資料もほとんど活用されていないというのが実情なのです。

では、平和教育を充実させるにはどうすればよいのでしょうか。平和教育の意義を明確にし、全国共通の教育課程にしっかりと位置付けることが重要でしょう。沖縄の「慰霊の日」学習が不十分なのも、平和学習が正規の科目でないため、時間の確保と指導体制がとれていないことに原因があります。戦後七三年、私たち国民の意識から戦争の記憶が遠ざかっているからこそ、体系化した「平和学習」を学校教育に取り入れる必要があるではないでしょうか。これによって、児童生徒の発達段階に応じた学習プログラムの構成が可能となり、沖縄戦や広島・長崎の原爆被害、そして沖縄の基地問題や安保法制、国際紛争など現在のさまざまな問題を考えさせる「平和教育」が可能になるのではないでしょうか。


【主な参考文献】

沖縄県高等学校・障害児学校教職員組合「教研中央集会『国民教育・平和教育』分科会の変遷」一九九〇年。

沖縄県教職員組合『沖縄の平和教育―特設授業を中心とした実践例―第一集』一九七八年。

沖縄県教育文化資料センター『平和教育の実践集Ⅰ』一九八三年。

沖縄歴史教育研究会『平和教育に関する高校生アンケートの分析』二〇一五年。

新城俊昭『二〇四五年のあなたへ』沖縄時事出版、二〇一六年。

新城俊昭「学校での平和教育」『沖縄県史　各論編　第六巻　沖縄戦』沖縄県教育委員会、二〇一七年。

第12章　東アジア共同体の構築

鳩山由紀夫

皆さん、こんにちは。お元気ですか。元気そうで何よりでございます。ただいまご紹介をいただきました、鳩山由紀夫でございます。今日はワンアジア財団の寄附講座ということで、私までお招きをいただいて講演をする機会を頂いたことに心から感謝をしています。

若い皆さん方の前で……そうでない方もいらっしゃいますけれども（笑）、お話をさせていただくことは私にとって大変嬉しいことです。なかなかそういう機会がないものですから、非常にワクワクしています。ご紹介のとおり、私は五年前に東アジア共同体研究所を東京で立ち上げ、その翌年の四年前、この沖縄の那覇市に琉球・沖縄センターを作らせていただきました。

なぜそういうものを作ったかということですが、私は、もともと武力によって平和は達成できないと、そう信じているからです。しかしながら世の中を見渡してみると、至るところでさまざま軍事力を誇示する指導者たちが蠢《うごめ》いているというのが現実です。でも、どう考えても今、特に原子爆弾、核を使った戦争ができるはずもありません。そういう時代に来ているのです。軍事力によって世界のリーダーたらんという発想は時代遅れになりつつあると、私は思っています。

（講義の前半は二〇〇九年に九三代総理大臣に任命されて以降、官僚の嘘のペーパーで辞任に追い込まれたこと、辺野古新基地建設は不可能であること、グローバリズムで格差が広がることなどの話題が語られた。）

1 「一帯一路」は平和をもたらす——習近平——

中国を少し眺めてみたいと思いますが、中国では五年ほど前、二〇一三年に習近平主席が「一帯一路」という構想を打ち出しました。もともとイラン辺りから日本まで続いていたシルクロードがあったわけですが、一帯一路構想というのは、そのシルクロードの近代版です。海のシルクロードと陸のシルクロードがあるのではないか、という発想を中国は打ち出してきたわけです。

これにはいろんな理由があると言われていますけれども、まず周辺途上国にインフラがまだまだ不足している地域がたくさんあって、そういう地域のインフラを整備しようということがあります。そのために中国を中心として、さまざまな国々が協力をして、道路とか空港、港湾、鉄道、あるいはパイプライン、そういうものを敷設しようではないかという構想です。発展途上国を経済的に発展させることによって、周辺諸国との間の連結性を高めつつ、周辺諸国がより平和になっていくことを期待するということです。

習近平主席と私は先月もある会合で会いましたけれども、そのなかで常に主張されているのが「人類運命共同体」という考えです。一帯一路構想の目的は何かといえば、それは平和にある。繁栄を通じて、平和をもたらすのが目的だ。まさに人類は気候変動なども含めて、運命共同体ではないか。けんかしている場合ではない――ということであります。自分たちは大国だけれども、決して覇権主義はとらない、ということを強く彼は言いました。私にも、そう語ったのです。

自分たちのＤＮＡ、遺伝子のなかに決して他国を侵略するという遺伝子はないのだ、と述べました。万里の長城を見てくれ、と。万里の長城という巨大なものができているけれども、これは自分たちを外敵から守るために造ったものであって、どこかへ侵略していくつもりでは全くないのだということでして、なるほど、と思ったわけです。

また、習近平主席が言ったことのなかで私が印象に残ったのは、「中国には一輪の花が咲いても春とは言わない。百本全部の花が咲いた時に春が来るのだ」という諺があるという彼の言葉です。それは、彼の貧困撲滅のための大変強い主張でした。すなわち、二〇二〇年までに貧困をなくす、国連で言う貧困レベルの人間は一人もなくする、という彼の強い主張でした。

このとき習主席は、ただ単に中国の国内の人たちだけではなくて、海外の例えばアフリカなどの貧困に対しても、私たちは頑張りましょうという言い方をされていました。なかなか言えないことを言われているなと感じたのですが、それをどういう形でやろうかということで、一帯一路という考え方が編み出されたのだと、私は理解しています。

さて、陸と海の他に最近、北極海ルートという構想も出てきました。これは、地球温暖化のおかげでもあります。地球温暖化で有利になるのは、ロシアや中国です。北極海ルートが使えるということで、海上を船でものを運ぶとすると、このルートだと何日も早くなると言われています。地球温暖化はあまり嬉しい話ではないなと思っておりますが、「氷上のシルクロード」というものまで、中国は考えているということを話されておりました。

こういうなかで、トランプ大統領が習近平主席に対して貿易戦争を仕掛けています。ここで一言申し上げると、これはブーメランであり、厳しい制裁をするぞと言ったら、その制裁の結果は自分たちにはね返ってまいります。アメリカの国民が結果として損をするということになるのではないでしょうか。もうアメリカでは作っていないものを中国で作っていますから、中国からの税金が高くついたものを買わざるを得ないのです。それらを輸入する、また輸入せざるを得ないとなったときには、いくら高くても買わざるを得ないわけです。

一方で、アメリカが作っている例えば農産品が、中国の報復で中国では買いませんよということになったときにどうなるのかという問題もあります。一番得をするのは、どうやらロシアだろうという話も伺いました。ロシアは多分、大豆とか豚などを中国にどんどんこれから輸出していくことになるのではないか、アメリカでは売れなくなった農産品はどうなるかといえば、日本をターゲットにしてくるのではないか、と考えられています。つまり日本は蚊帳の外だと思っているがそうではなくて、自動車産業と農産品が相当トランプ大統領の標的にされるのが今年（二〇一九年）ではないかと言われているのです。

さて、米中問題もありますが、一番ドラスティックに変化したのが北朝鮮情勢だと私は思っています。金正恩委員長が（二〇一九年）一月八日、北京に行って、そこで習近平主席と会談をしました。金正恩委員長は、核の非核化に対してはこれを堅持するということを約束したようです。米朝間で対話を行いたいということで、そのために中国と協力をすることになり、二度目の米朝首脳会談が二月に開かれることになったようです。良かったなと思っています。

ただ心配なのは、トランプ大統領はやはりこの北朝鮮問題で間違いなく点数を稼ごうと思っていることです。一方でアメリカには大変巨大な「軍産複合体」というのがあって、軍事力が産業力を高めています。その軍産複合体の思惑と、いやいや北朝鮮にやっぱり非核化、平和をもたらすほうが大事だというようなトランプ大統領の声のどちらが強くなるのか、ここは今大変際どい戦いになっていくのではないかと思うわけです。

2 軍事力強化は間違い

さて、こういうなかで日本が現実としてどういう状況なのかというと、一つは「対米従属」の姿勢が安倍政権の下でますます強くなっています。その一番の現れが、この辺野古の強行です。日本政府も、辺野古が唯一の選択であるわけがないことは百も承知なはずなのですが――。

それから、日本は一機が一一〇億円とも、それ以上ともいわれるＦ35という戦闘機を一〇〇機以上買うとトランプ大統領に約束をしています。Ｆ35だけでも、一兆円とか二兆円とかいう金額にのぼります。それだけのお金を費やして、本当にそれが役に立てばいいものの、必ずしも役に立つとも思えないのです。こういう対米従属を日本は強めています。

一方で、対中関係に関しては、少し改善の見込みが出てきています。これはトランプさんのおかげなのでしょうか。米中関係がおかしくなると、日本は中国に歩み寄った方がお互いにいいということで、日中関係のほうは良くなるかもしれません。

李克強首相が昨年（二〇一八年）五月に日本に来られたときに、一帯一路構想に対しては第三国で協力しましょうということを約束しました。ただ、実は私が今顧問をしておりますアジアインフラ投資銀行（ＡＩＩＢ）という一帯一路構想を実施していく推進役の銀行機関についていえば、そのＡＩＩＢにはアメリカとともに日本がまだ参加を表明していません。経済では協力していきますよ、一帯一路はいいですね、と言いながら、一帯一路の推進機関であるＡＩＩＢには協力をしないという状況が、どうも私には解せないのです。

それから、経済改善につながると言いながら、皆さんご存じのとおり、与那国島あるいは石垣、宮古、沖縄本島、さらに奄美諸島でも自衛隊を強化する方向が打ち出されています。一方では、もう仲良くしようと言いながら、なぜ軍事力をこうした地域で高めていく必要があるのでしょうか。こういう矛盾した行動が行われているのです。

また、韓国に関しては今最悪の状況になってきつつあるのではないでしょうか。従軍慰安婦の問題、徴用工の問題、さらには最近起きている韓国の海軍が自衛隊のＰ-1哨戒機へレーダー照射をしたという事件、この三件が大変重くのしかかっていて、韓国との関係は最悪になってきていると思っています。

この三つの問題に対して、私が申し上げることが一言あるとすれば、どうも日本人は韓国人に対して上から目線になってしまっているということです。もっと素直に、過去の失礼をわびる気持ちを持つべきではないか――。そういう気持ちを持てば、このような三つの問題を解決するのはさほど難しい話だとは、私は思っていません。

さて、北朝鮮に関しては、金正恩委員長とトランプ大統領との二回目の米朝首脳会談が開かれそうな状況になってきたことは大変喜ばしいことですが、日本はどうなのかというと、安倍首相の頭の中には常に、自分は拉致問題で総理になった男だという発想があるものですから、「拉致、核、ミサイル」といつもこの順番で話を進めているのです。これは、拉致問題が解決しない限り、北朝鮮に対する厳しい態度は変えるべきではない、という発想です。

でも、もうそういう話ではないのではないでしょうか。米朝の間では既に首脳会談は一回開かれていますし、南北ではもう三回、四回開かれています。また、習近平―金正恩会談も何度も開かれています。こういう状況、すなわち対話によって問題を解決しようという機運が出てきているときに、安倍首相は対話の時代は終わったとずっと言っております。私はここで、問題はすべて対話によって解決すべきであるというスタンスが極めて重要だということを申し上げておきたいのです。

対ロ関係については時間がなくなってきましたので省略をさせていただきたいのですが、一言申し上げたいと思います。私の祖父鳩山一郎は、一九五六年日ソ共同宣言を作りました。その日ソ共同宣言では、歯舞、色丹二島の返還をした後、平和条約を締結しようということになっています。この条約は生きているということで、この条約に沿ってこれから交渉が進められるのかどうかということが問題です。一九五六年の頃と違うのは、日米安保のありかたが、当時とは違ってきているというのが一つあります。それから二〇〇海里問題です。また、沖縄であのように辺野古を強行している、すなわち沖縄においては米軍の意のままになっている、日本政府はそういうありさまなのですから、歯舞、色丹がもし日本に帰って来たとして、そこにアメリカが基地を造りたいと言ったときにそれを拒めるのかという問題があります。日本政府はそんなことは拒めないと、プーチン大統領は冷静に見ていると、私は思うのです。

今申し上げたように、世界の動きは北朝鮮をめぐってはかなり大きくドラスティックに動いています。金正恩委員長は、一昨年（二〇一七年）の一一月に、ミサイルでアメリカまで到達できるものを開発したと考えています。アメリカと対抗できる手段を持ったと思っているのです。今までアメリカはもうめちゃくちゃに強い国で、核もミサイルも持っています。金正恩委員長からすれば、「だから、俺たちは素手じゃ戦えない。俺たちも、核もミサイルも持たなきゃならない」ということで開発を進めてきた。その核ミサイルがようやくできたと彼らが信じた瞬間があったのです。このとき金正恩委員長は、北朝鮮がアメリカに対し交渉能力を持ったと判断をしたのだと思います。

そこで今度は核を捨てることで、非核化をすることによって自分たちの脅威をアメリカから消し去る作業に移ったのではないかと思います。実際に、いくつか核に関する施設を破壊しています。とすれば、自分たちはもう非核化の方向に動いているのに、どうしてアメリカは何も変わらないのだ、少なくとも俺たちとはもう戦争はしない、朝鮮戦争はまだ終わっていない休戦状態なのを終戦にするということがなぜできないのか――それが金正恩にとってのある意味での不満なのだろうと思います。

時間はかかるとは思いますが、そのような方向を作っていくべきではないでしょうか。北朝鮮の情勢は大きく変わっていますし、中国も決して尖閣を乗っ取ろうなんて発想を持っているはずがありません。侵略をしようというＤＮＡは我々には決してありません、ということを中国は明言しています。こういう中国や北朝鮮、周辺諸国に対して、日本が軍事力を強化し、日米安保をさらに強くし、自衛隊を強化するというのは、私は方向としてまるで時代遅れになっていると思うのです。

3 「友愛」で東アジア共同体をつくる

ではどういう方向がいいのかというと、やはりあらゆる問題を対話と協調によって解決するという方向性を強く打ち出す、ということだと思っています。その一つの具体的な方法が東アジア共同体という発想なのです。

その意義として三つの方向があります。その一つは「ＥＵのアナロジー」です。つまりＥＵのようなものができてるじゃないか、と考えているのです。ＥＵでは今、イギリスがブレグジットでＥＵから離脱することになっていますが、ＥＵという存在価値は、私はあると思います。

なぜならば、それまではケンカばかりしていたＥＵ諸国が、ＥＵのおかげで二度と互い同士で戦争はしなくなったからで、その価値は大きいと思います。その意味でＥＵの意義を認めて、ＥＵと同じように東アジアにおいても共同体を構築して、平和をつくろうじゃないかという発想こそが、私は正しいと思っています。

その中心的な考え方が、お母さんが日本人の、オーストリア人のクーデンホーフ・カレルギー伯が唱えた友愛思想です。これは、汎ヨーロッパ主義と言いますけれども、ヨーロッパは一つだという思想、哲学でございます。クーデンホーフ・カレルギー伯の汎ヨーロッパ思想は友愛に基づく考え方で、その発想で東アジア共同体というものをつくるべきではないか、と私は考えます。

この友愛という考え方をクーデンホーフ・カレルギー伯から学んだのが私の祖父、鳩山一郎です。祖父一郎は、友愛を「相互尊重・相互理解・相互扶助」の三つとして、お互いに尊重し、理解をし合って、互いに助け合う――これが友愛の精神だ、ということを主張しています。

私もそのとおりだと思っていますが、私の考えは「自立と共生」です。それぞれの国が自立を求めていきながら、一国だけでは生きていけないので、国と国がよりお互いに信頼し合って協力していくことが大事だというものです。これは国と国が共生するという考え方で、東アジア共同体をつくるべきではないか、と思うのです。これが、東アジア共同体の方向性の一つです。

先ほど申し上げたように、世界はグローバリズムとナショナリズムが拮抗して戦っているというような状況です。この両方は利点もありますが、大きな欠点もあります。その欠点を補うために、グローバルではない、しかし一つの国家でもない、いくつかの国家の集合体を考えるべきではないか、と考えます。それがリージョナリズムという考え方でありまして、グローバリズムとナショナリズムの間のケンカを終了させる一つの解としてリージョナリズム、すなわちいくつかの周辺諸国の集合体としての東アジア共同体というものが考えられるのではないかということです。

あまり大きく報道されなかったようですが、昨年の五月に李克強首相が来られたときに、「東アジア経済共同体」というものを提案されました。ところで、どうも私が総理を辞めた後、外務省は東アジア共同体という言葉を使わなくなりました。私のときにはかなり使っていたのですが、きっと嫌々使っていたのでしょう。東アジア共同体構想を私が打ち上げたとき、アメリカから一部懸念の声が聞こえてきたといいます。

すなわち、オバマ大統領にとっては、アジアにこれから乗り込んでいこうとしていた矢先に、東アジア共同体でアメリカを排除する動きがでてきたように感じられたのです。もちろん私は別にアメリカを排除するつもりはありません。どの国でも、地理的に東アジアではなくても、入りたいということを主張してきた国には、どうぞ入ってくださいというつもりです。その代わり、中に入った以上、ケンカはなしです、あらゆる問題は対話と協調で解決しましょう、ということを誓う必要があるということです。

現実に日中韓三カ国を見ますと、日本は特に資本財が得意ですし、中国はもうできあがった消費財が得意です。そして、韓国はその中間の中間財が得意です。そういうふうに、経済においても、それぞれ作っていくものの性格にも相違があるのです。そこでケンカするより、むしろお互いに補完し合うべきだと思うのです。日中韓三カ国が経済で補完し合う状況をつくり、一つの共同体を生み出せば、より「ウィン・ウィン・ウィン」の関係ができる——そう思いませんか。

東アジアの共同体について、もう一つのメリットは、東アジア共同体をつくることによって、この地域においては二度と戦争はしないという不戦共同体をつくり出すことです。私は、これが一番重要だと思っています。真の平和というものを築いていくための構想として、あらゆるものを対話と協調で解決することを誓い合う枠組みをつくり上げていく。最初に申し上げたように、私は武力によって真の平和というものはできるものではないと信じています。ヨハン・ガルトゥング博士が、数年前にこの沖縄に来られて講演をされたとおりです。ガルトゥング博士は、積極的平和主義ということを唱えております。

積極的平和主義というのを、安倍首相も唱えているのですが、その言っている意味が全く逆方向です。ガルトゥング博士の積極的平和主義というのは、ただ単に戦争がないという状況で満足をしないということです。戦争がないだけではなくて、戦争・紛争の原因になるようなさまざまな不平等とか差別とか貧困とか、こういう問題をそれぞれ取り上げて解決していこうということです。それを実現していくための手段として、東アジア共同体を構築することで日中韓が二度と戦争をすることがない状況をつくらなくてはいけないのです。

この国は今、米軍の基地だらけといいますか、特に沖縄はそういう状況になってしまっていますけれども、私は、将来的にすべての周辺諸国と信頼関係が築いていければ、決して自衛隊を増強する必要はないと思います。また、いざとなったときにはアメリカに協力を求める必要がありますが、そうでなければ米軍の基地はもう要らないという状況をつくり出していく必要がある、と考えています。

今すぐにできるとは思いませんが、その方向に動いてもいい時期になってきています。なぜならば、北朝鮮も大きく変わるチャンスが出てきていますし、中国は先ほど申し上げたとおり、日本に戦争を仕掛けるつもりは毛頭ないからです。こういうなかで、今こそアメリカ軍の常時駐留なき安保、すなわちいざというときだけアメリカに協力を求めるけれども、平時においては米軍の基地はもう結構です、要りません——そういうメッセージを出すべきときを迎えつつあるのではないか、と私は思います。

人類運命共同体とか、あるいは不戦共同体という言い方でお分かりのように、私の東アジア共同体構想と中国の一帯一路構想というのは平和を築くのが最大の目的であって、経済以上に平和を重視する共同体です。そのような東アジア共同体はやはり言葉だけ唱えていてもだめです。そこで、どういうふうにしてそれを進めるのかということになれば、私は何らかの会議体というものをつくる必要が出てくると思っています。できれば常設の機関として置くべきです。

EUにおいては、EU議会というものができました。最初は、あまり力のないものであったと思いますが、最近は相当の権威を持つ存在になってきています。EU議会のような形のものを、東アジアにおいてはすぐにはなかなかつくれないかもしれませんが、常設の会議体を置くことによってスタートさせるべきではないかと思っています。

先ほど述べたように、李克強首相は東アジア経済共同体という言い方をされましたが、それだけではなくて、例えば東アジア教育共同体とか、東アジア環境共同体とか、東アジアエネルギー共同体とか、あらゆるものが考えられると思います。東アジアにおいて、このようにあるテーマを軸にしながら共同体というものを構築していくという発想で会議体を広げていくことが大事ではないか――そう考えています。

さらにその場所をどこに求めるかということになると、今まで軍事的な要という形でその役割をある意味で負わされてきた地域――日本においては沖縄、韓国においては済州島、中国では海南島というのが考えられると思いますが――こういった島々にこのような会議体、あるいはその原型のようなものを置くということを考えたらいいのではないかと思います。

さて、時間がもうなくなってきましたからこのぐらいにさせていただきますが、そのような意味で沖縄が東アジア共同体の核として成長してほしいと願っています。かつて王国時代、琉球は決して武力を持ちませんでした。武力を持たないで、周辺諸国との間でさまざまな流通を通して繁栄した地域だったのです。今でもそういう方向で、私は沖縄あるいは琉球の未来を見つめていくべきではないかと思っています。

昨日は那覇のホテルに泊まりましたけれども、そのホテルでは日本語がほとんど聞こえてこなくて、お客さん全員が中国語をしゃべっていたように思います。台湾から来られているのか、あるいは大陸から来られているのか分かりませんが、中国語だらけだったのです。日本語を話しているのは私ぐらいしかおりませんでした。それほど、台湾、中国から、あるいは他の国々から沖縄が注目を集める大変な観光地になっているということです。ハワイよりも沖縄の方が観光客は多いのだそうですね。それは素晴らしいことだと思っております。皆さん方のこの素晴らしい魅力ある大地が、観光においても、あるいはさまざまなビジネスにおいても、大きな役割を果たしていくことができる地域ではないかと思うのです。

そして、最後に申し上げますが、辺野古の新基地の建設は何としても中止させていかなければなりません。お父さんがアメリカ人の方が知事になっているわけですから、アメリカの世論もかなり動き始めている――そういった雰囲気を私は感じます。アメリカが変わると日本が変わるというのは、はなはだ情けない話ではありますけれども、アメリカの世論に訴えるということも大変大事なことだと思っています。

環境の問題ばかりでなく、活断層、さらには軟弱地盤の問題がでてきています。全く不適当な地盤を埋め立てて基地や滑走路を造ろうなんて、そんなの危なくて全く役割を果たさないじゃないか、ということをもっと強くもの申すべきときが来ているのです。さらには沖縄の海兵隊には、すべてアメリカに戻っていただくことを訴えましょう。そして、安倍政権の下で南西諸島への自衛隊が増強されてきているわけでありますが、こういったものは中止すべきです。

我々は、この国の大きな安全保障の、あるいは抑止力というもののすべてを対話と協調によって解決しようという方向からつくり出していくということが大事ではないでしょうか。そういう役割を、ぜひ沖縄の皆さん方に果たしていただきたいのです。特に若い皆さん方は、これからの沖縄の中心的な役割を果たしていかれるわけですから、皆さんにはそのようなご活動をぜひ祈念申し上げる次第です。

勝手なことを申し上げましたが、私からの皆様方へのメッセージは以上にさせていただきます。ご清聴ありがとうございました。

第13章　韓国から考える東アジアの平和構築と地域共同体

韓　洪九

1　朝鮮半島をめぐる情勢の変化とその意味

二〇一八年六月一二日にシンガポールでアメリカ合衆国のドナルド・トランプ大統領と朝鮮民主主義人民共和国（以下、北朝鮮）の金正恩《キムジョンウン》国務委員会委員長兼朝鮮労働党委員長による史上初の米朝首脳会談が開催されました。全世界の耳目を集めたこの歴史的なできことは、一九四五年第二次世界大戦後に作られた朝鮮半島における分断体制に根本的な変化をもたらすと言われていいます。二〇一九年二月二八日にベトナムの首都ハノイで行われた第二次米朝首脳会談は、合意文書の署名を見送りました。北朝鮮の非核化をめぐって溝が埋まらなかったこともありますが、おそらく米国におけるトランプ大統領の諸事情が影響を与えたのだろうと思われます。そのため米朝間の対話が中断されたように見えますが、東アジアで起きている大変化は、人々が北朝鮮と米国政府が対話の行く末を見守るなか、しばらく待機状態にあります。かつて似たようなチャンスを何回も逃したことがあるからこそ今度は実を結ぶことを、大勢の人は望んでいます。

1　分断体制を乗り越えて

韓国では二〇一六年から二〇一七年まで「キャンドル革命」と呼ばれるデモが繰り広げられました。韓国の市民は自らの手で憲政秩序を破壊して権力を濫用した朴槿恵《パククネ》大統領を退陣へ追い込みました。ガラス窓を一枚も壊すことなく平和的に進められたデモは市民のための政治を取り戻しました。そして二〇一七年五月に急進的な改革を求める市民によって誕生した文在寅《ムンジェイン》政府は三回の南北首脳会談を行いました。二〇一八年四月二七日板門店の韓国側の「平和の家」（公開）、五月二六日板門店の北朝鮮側の「統一閣」（非公開）、九月一八〜一九日北朝鮮の平壌（公開）で継続的に行われた三回の南北首脳会談は朝鮮半島において平和の流れを作り上げています。

二〇一七年頃、朝鮮半島では本当に戦争が起きるのではないか、という危機が高まっていました。日本でも八月二九日と九月一五日の北朝鮮によるミサイル発射を受けて全国瞬時警報システム（Ｊアラート）をＮＨＫや民放が速報し、報道を続けました。「ミサイル発射」や「地下に避難」の警告に従い学校が休校となりました。その後も日本では「Ｊアラート全国一斉情報伝達訓練」などが実施されて、警戒過剰による事態の悪化を懸念する声が上がっていました。それが、現在は内部と外部のさまざまな要因によって半島情勢は急速に平和へ向かって動いています。まだ平和の実現までは時間がかかり、決して予断を許しませんが、とくに朝鮮半島に住んでいる人々にとっては大きな変化が起こりつつあると言えるでしょう。

朝鮮半島は三八度線という軍事境界線を境に北朝鮮と韓国に分かれています。三八度線とは地球の赤道面より北に緯度にして三八度の角度を成す緯線で、もちろん線自体が実在するわけではありません。しかしその線が地上に刻まれ、南北の間の事実上の国境となり、朝鮮戦争によって今日までそのまま膠着して分断線として存在しているという状況です。沖縄に米軍基地が作られた時、沖縄の人々は誰からも米軍基地をつくっていいのか聞かれたことなどあるわけないのですが、それは韓国でも同じことでした。朝鮮半島の誰ひとり三八度線が引かれることについて聞いたことがなく、その線がこれほど長く存在して分断が続くと考えたこともありませんでした。

二〇〇九年六月二四日の朝鮮戦争勃発五九周年を迎えて、韓国の聯合ニュースは、ＡＰ、ＵＰＩなどのニュース通信社の記者たちが三八度線でかつて撮った写真を掲載しました。ある写真では米兵が三八という数字を道に書き、それに沿って線を引いています。そして、これが三八度線であることを知らせる標識を立てることになります。別の写真はその標識の下で朝鮮の子どもたちが遊んでいるものです。この写真の子どもたちはその後の一九五〇年に起きた朝鮮戦争の戦火を生き残ったとしたら、今八〇歳ぐらいになっているでしょう。

朝鮮半島における分断は、写真のなかのあの子どもたちの人生、生きることのすべてを踏みにじりました。おそらく、あの子どもたちのお父さんたちは戦争で銃に撃たれて死んでしまったでしょう。その可能性は高いのです。祖父母は、三五年間の日本による植民地支配から解放された喜びに満ちていたのもつかの間、今度は朝鮮戦争の戦乱に巻き込まれて、その後の人生が破綻していっただろうと思います。この子どもたちの孫は、今の韓国の二〇代の若者に当たります。もし男の子ならば、軍隊に行って二年ぐらいの徴兵の義務を負わなくてはいけない世代です。

つまり、米軍が書いている三八度線という一本の線が、あの子どもたちの祖父母、父母の世代、またその子どもや孫、四世代以上の朝鮮半島で生きる人々の人生を揺さぶっていたということです。三八度線はいまだに朝鮮半島に存在しています。そして、二〇一九年にその分断線が揺らぎ始めたのです。

2　再び訪れたチャンス――朝鮮半島で韓国内の機運と国際的機運がぴったり合致――

ある意味で、韓国社会はこれまでその分断線との闘いを繰り広げてきたといえるかもしれません。一九四五年に朝鮮民族が日本の植民地から解放された後、三八度線の南側には大韓民国が成立し、帝国主義の手先だった者たちが長い間政権を掌握していました。それが可能だった理由は分断という現実でした。一九六〇年四月革命、一九八〇年光州民衆抗争に引き続き、一九八七年の民主化闘争を通じて韓国の市民は軍事独裁を終わらせました。これらは韓国社会に大きな影響を与えていた分断線との闘いであり、また分断が生み出した独裁政権との闘いでもありました。二〇〇四年から最近までの「キャンドル革命」は朝鮮半島において平和構築の機会を生み出しています。

これまでもチャンスがなかったわけではありません。残念ながら、二回ほどのチャンスを逃してしまいました。一回目のチャンスは一九九四年に予定されていた南北首脳会談でした。北朝鮮の核開発を阻止するために米国のクリントン政府は、「予防爆撃」という名目で戦争を準備していました。韓国と北朝鮮、そして米軍を含めて少なくても三〇〇万人の死者が予想された戦争を開始しようとした数日前、カーター前大統領が平壌を訪ねて金日成《キムイルソン》国家主席と会談をしました。米国が北朝鮮の安全を保障してくれれば核を放棄することもできるという金日成の言明を受けて、カーターはクリントンに予防爆撃中止を要請しました。さらにカーター前大統領は南北首脳会談を仲裁しました。戦争に向かっていた朝鮮半島の政情は急変し、一九九四年七月二五日に南北首脳会談が開かれることになりました。しかし、歴史的な首脳会談まであとわずか二週間あまりとなった七月八日、金日成主席が急に亡くなってしまい、南北首脳会談は実現できませんでした。

二回目は二〇〇〇年に初めて南北首脳会談が行われ、米朝首脳会談も期待されていたときでした。北朝鮮の趙明禄《ソミョンロク》人民軍次帥がホワイトハウスを訪ねてクリントン大統領と会談し、米国のオルブライト国務長官も平壌を訪ねて金正日《キムジョンイル》国防委員長に会いました。この動きはクリントンによる平壌訪問の予定発表につながり、終戦宣言と米朝修交が可視化しつつあるという期待を集めました。しかし、二〇〇〇年一一月の米国大統領選挙で、共和党のジョージ・W・ブッシュ候補が当選してしまいました。ブッシュはABC政策（Anything But Clinton）を取って、クリントン政府のすべての政策をひっくり返しました。しかも二〇〇二年一月二九日の年頭教書で、北朝鮮をイラク、イランとともに「悪の枢軸」というレッテルをはったのです。これで米朝関係はもちろんのこと、南北関係も冷たく凍ってしまいました。ブッシュの在任する期間中に大韓民国で大統領に当選されたのは金大中《キムデジュン》と盧武鉉《ノムヒョン》でした。両大統領は南北関係を改善させる意志と能力を持っていた人物でしたが、米国大統領ブッシュの頑強な対北態度に封じられて、二〇〇〇年の「六・一五首脳会談」と二〇〇七年の「一〇・四首脳会談」を開催したにもかかわらず、朝鮮半島の分断体制に画期的な変化をもたらすことはできなかったのです。

この二回のチャンスを逃してしまいましたが、韓国では民主化運動などを通じて常に朝鮮半島を平和へ導くための闘いが繰り広げられてきたことを忘れてはいけません。冷戦体制を維持しようとする保守勢力は、韓国のキャンドル革命によってかなり衰えました。

韓国内の変化とともに、今は米朝の関係にも変化が生まれて朝鮮半島の平和構築のための良い流れが作られています。今度こそこのチャンスを生かし朝鮮戦争を終わらせて平和協定を結ぶことを韓国の人たちは強く願っています。

しかし、この変化が過去七〇年間東アジアの不安の根源だった米朝の対立を完全に解消して、米朝国交樹立まで至るには長い時間がかかるでしょう。今より遥かに激しい対立と葛藤があるかもしれません。一九七〇年に中国と米国が関係を改善した過程が、ここで参考になります。米国と中国が命をかけて戦った朝鮮戦争は一九五三年七月に停戦協定によって銃声が止まりました。その後二〇年ぐらいの時間がたった一九七二年二月、米国のニクソン大統領が初めて北京を訪問しました。一九七〇年代は米国が冷戦のなかで中国をソ連から切り離すために力を入れていた時期で、二国の間に「北朝鮮の核問題」のような難しい問題もありませんでした。それにもかかわらず、中国と米国の国交樹立はニクソンの中国訪問から七年もかかったのです。米朝国交樹立も米中のように七年はかかるというつもりはありませんが、北朝鮮と米国が正常な外交関係を結ぶまでにも、かなりの時間をかけざるを得ないと思います。

2 朝鮮民主主義人民共和国に対する誤解

1 金日成偽者説とソ連の傀儡論

東アジアにおいて平和を脅かす一番の存在は北朝鮮だと言われてきました。安倍政権も北朝鮮による危機を強調し、危機感を煽りながら実際、軍事大国への道を進んできましたが、果たして我々はどれほど正確に北朝鮮について分かっているでしょうか。

既に三〇年前のことですが、私が大学を卒業したころ韓国では北朝鮮を正しく知ろうという運動が起きていました。当時の韓国では軍事独裁政権によって北朝鮮に関する一切の情報が統制され、歪曲された北朝鮮のイメージが広まっていましたから、これは本当の北朝鮮を知るために勉強しましょうという運動で、それを通じて統一を準備しようということでした。ところが、三〇年が過ぎた今も、北朝鮮を正しく理解するための運動が必要だと思われていることが、私にはとても残念です。世界史や世界観もかなり変わってきているにもかかわらず、朝鮮民主主義人民共和国という国を成立させた金日成をめぐる認識には間違いが少なくありません。

金日成は一九三〇年代後半以降満州を舞台に大日本帝国に立ち向かって遊撃隊活動を繰り広

げて、伝説的な名将として歴史に登場しました。その後、民衆から熱狂的な支持と期待を得て抗日武装闘争指導者になりました。だからこそ、日本の敗戦後北朝鮮に入った若い金日成が国をつくって、強力な政権を自分の息子や孫にまで渡すことができたのです。

しかし韓国では金日成という人物は偽物だ、本物ではない、とよく言われています。ある人物についての評価が分かれることはあり得ますが、その人物の実態や存在そのものを否定して偽物だと決めつけるのは、世界史のなかでも稀なことです。

では、なぜそのようなことが起きているのでしょうか。それは朝鮮半島が分断されているからです。一九四八年八月、朝鮮半島の南側に成立した大韓民国の大統領の一人だった朴正熙《パクチョンヒ》は、実は満州の日本軍の軍官学校の出身です。軍人として出世したかった朴正熙は教師の職を捨てて軍人になりました。年齢制限に引っかかった彼は日本陸軍士官学校に進学できなかったので、年齢制限が日本陸軍士官学校より緩い満州の中央陸軍軍官学校へ進学しようとしました。そのとき朴正熙は、「尽忠報国滅私奉公」という血書を書いて満州軍官学校に送り、その血書は満州の新聞に報道されました。このようにして、朴正熙は一九四〇年四月、満州帝国陸軍軍官学校の第二期に入学しました。「高木正雄」と創氏改名した朴正熙は一九四二年満州軍官学校を首席で卒業した後、日本陸軍士官学校三年に編入し、一九四四年四月、日本陸軍士官学校五七期を三等で卒業しました。優等生朴正熙は一九四四年七月、熱河省に駐屯していた満州軍歩兵八団に少尉として赴任しました。師範学校五年と満州軍官学校二年、陸軍士官学校二年で、誰よりも長く皇民化教育を受けた青年、天皇に命をささげると忠誠を誓った日本軍将校が、後に韓国の大統領朴正熙になったのです。一方、北朝鮮の最高指導者金日成は、前述したように抗日武装闘争をやって名声を博した指導者でした。それゆえに韓国では抗日運動の指導者の金日成を認めて受けとめることができず、抗日運動の指導者金日成は偽者だという話が広まっていったわけです。

金日成偽者説とともに根を下ろしているのがソ連の傀儡論です。私が子どものころの韓国では、北朝鮮を韓国の北という意味の「北韓《ブッカン》」と呼んでいました。軍事独裁下では「北傀《ブックェ》」と呼ばなければならなかったのです。「北傀」とは北朝鮮がソ連の傀儡政府、ソ連の操り政府だということでした。ところがソ連が崩壊して三〇年たった今も、北朝鮮という国は存在しています。

2　北朝鮮崩壊論説

このような金日成偽者説とソ連の傀儡論に基づいて登場したのが、北朝鮮崩壊論です。北朝鮮の壊滅、政権崩壊は確実で、時間の問題だという見方です。これは韓国のみならず日本、米国においても同じく北朝鮮の専門家の間に広く共有されていました。だからこそ日本、韓国、米国は、北朝鮮に対するまともな政策や対策、あるいは三国が手を取り合って取り込むプロジェ

写真13―1　「不幸と苦痛の災いのもと，米帝国侵略軍を追い出そう！」

写真13―2　「全民族が力合わせて，米国の核戦争挑発策動を握りつぶそう！」

クトなど何もしようとはしませんでした。

　では、昨今北朝鮮が米国と手を結んで未来へ向かって歩こうとすることが何を意味するのか、説明しましょう。

　これらのポスターは北朝鮮が一時期たくさん出していたものです。標語がハングルで書かれていますから、意味は分からなくても、絵のイメージで何となく意味が分かると思います。例えば、二〇年前の一九九〇年代の終わりころの北朝鮮では、少なくとも二〇万、多く見積もると六〇万から七〇万人の人々が餓死したと考えられます。だからこそ北朝鮮という国は、今日、明日にでも崩壊するぞ、という話が一番盛り上がった時期でもありました。六〇～七〇万、いや数十万の国民が餓えで死ぬような国の政治体制が果たして維持できるでしょうか。しかし、北朝鮮の金正日は権力を維持して、その権力を自分の息子に渡すこともできました。

　なぜそのようなことができたのでしょうか。北朝鮮の国民が、数十万の人の餓死のことを金正日という指導者の失政の結果ではなく、米国のせいだと思ったからです。つまり、金正日は国内政治において自分が負うべき責任を一切負わなくても済みました。すべての責任を米国のせいにすれば済むことだったのです。これは、朝鮮民主主義人民共和国という国が現在我々が住んでいる日本や韓国、米国のような、いわゆる「普通の国家」とはかなり異なる政治体制を持っているからこそ可能なことです。つまり、北朝鮮は外部からの脅威に対処することで成り立っている国だともいえます。北朝鮮は、米国がいかなる軍事的な圧力をかけても、国連の安保理でさまざまな経済的制裁を加えても、政権維持ができる体制の国なのです。それを言いかえれば、北朝鮮にとって最大の危機は、外部からの危機がなくなる状況だといえます。

ところが、現在、北朝鮮の金正恩委員長は、これまでの国内政治の責任を米国のせいにしてきた状況をやめて、国内政治における間違いや失敗の責任のすべてを自らが負う道を歩もうとしています。

これは金正恩が、これまで楽に自分の政治体制を維持できたカードを捨てて次に進む選択をしたということでしょう。米国という脅威を利用して体制を維持するのではなく、自国の人民が幸せに暮らせる未来と国作りのための新しい挑戦を、今の金正恩は選んだのだと思います。

3　知られざる朝中関係

次に我々が知っておくべきなのは中国と北朝鮮の特殊な関係です。それを物語っているのが北朝鮮にある中国の毛沢東元国家主席の長男、毛岸英の墓です。彼は朝鮮戦争に義勇兵として参戦して米軍機の爆撃で戦死しました。毛岸英は北朝鮮の平安南《ピョンアンナム》道《ド》檜倉郡《フェチャングン》にある中国人民志願軍烈士陵園に埋葬されています。朝鮮戦争の休戦協定締結六五周年にあたり二〇一八年七月二七日金正恩委員長は毛岸英の墓に弔花を供えました。同年の六月に習近平《シーチンピン》国家主席と首脳会談を行った金正恩は朝鮮戦争の休戦協定を平和協定に転換していく問題を協議しました。金正恩は戦死した中国兵の墓地を訪問することで、平和協定への転換の問題で中国の意向を重視している姿勢をアピールしたかったのではないかと言われています。休戦六〇周年にあたる二〇一三年七月にも同地を訪れた彼は、視察の際に「赤い血で平和を成し遂げた中国同志の遺訓が我々の胸の中に残っている」と強調しました（『朝日新聞』二〇一八年七月二七日）。

ところで、そもそもなぜ毛沢東や中国人民は、毛沢東の長男、毛岸英の墓を北朝鮮に作ったのでしょうか。少し考えてみてください。もし、朝鮮戦争に参戦したある米軍の兵士が米大統領の息子で、その息子が朝鮮戦争で死んでその墓が韓国につくられて今も残っているならば、韓国ではその墓やその人についてどういう扱いをするのでしょうか。例えばマッカーサー将軍の銅像を考えてみましょう。韓国の仁川《インチョン》空港に近いところに仁川という都市がありますが、その自由公園には朝鮮戦争で活躍したマッカーサー将軍の大きな銅像が建っています。この銅像をめぐって、よその国の将軍の銅像をそこまで大きく建てるのはどうかという問題提起から、他の場所に移すべきだという議論が起こり、その是非をめぐって二〇〇〇年代の初め、意見が真っ二つに分かれる大論争になったことがありました。マッカーサー将軍をほめたたえる人たちは、朝鮮戦争のときマッカーサー将軍の仁川上陸作戦が成功したからこそ今の韓国があるので、彼こそ民族の恩人だと主張しています。一方では、恩人どころか、マッカーサーは朝鮮戦争のときに北朝鮮の北部と満州など二一の都市に三四発の核爆弾を使用したいと要請した人物でもあります。もし彼の計画どおりになったら、朝鮮半島は統一ではなく第三次世界大戦の戦場になっていたでしょう。

韓国では、マッカーサーが生きている間に銅像を建てたのですが、こういった韓国の出来事を、北朝鮮の状況にあてはめて考えてみます。まず、中国からの人民志願軍の参戦がなかったら、恐らく北朝鮮は負けて、北朝鮮という国は存在していなかったということになるでしょう。しかし、北朝鮮には毛岸英の銅像や人民志願軍の指揮者の銅像は一切ありません。のみならず、北朝鮮の人々は毛岸英が朝鮮戦争で戦死したことについて大変ありがたいと感じているのでも、申し訳なく思っているわけでもありません。そのような北朝鮮について中国も何とも思っていないのです。

金日成の弟は一九三五年中国革命に参加して死にました。東満州の抗日運動に参戦して死んだ人たちのために建てられた慰霊碑の裏には三〇〇〇人の名が刻まれていますが、そのなかで二七〇〇人が朝鮮人です。これを言い表すのが毛沢東の中国の国旗についての話です。毛沢東は中国の国旗には朝鮮人革命家や人民達の血がにじんでいると話しました。それほど中国革命に朝鮮人の役割が大きかったということです。中国共産党はかつて満州だった地域に始まって、ついに共産革命に成功し、中国大陸全域を手にすることができましたが、満州での戦闘でまともな武器もなかった中国共産軍を助けたのが北朝鮮でした。中国軍の戦史には北朝鮮が日本軍を武装解除して一〇万の銃を手に入れたことを始めとして、さまざまな支援をしたと記されています。北朝鮮の支援のおかげで中国共産軍は国民党との戦いで勝利をしたのです。

米韓関係をよく血で結ばれた同盟、血盟といいますが、中国と北朝鮮の関係こそが血盟です。日本と韓国政府が米国から強く言われると従わざるを得ない関係だから、北朝鮮も中国が言って聞かせれば核開発を諦めるはずだと見る見解があります。でも、それは中国と北朝鮮の関係をよく分からない人の言うことです。

4　二〇二〇年代、新しいアジア共同体を目指して

一九世紀末と二〇世紀初めの激変期に大日本帝国に強制的に編入された沖縄と韓国は、さまざまな面において特別な運命をともにしています。韓国は一九四五年日本の敗戦で植民地支配から解放されましたが、米国とソ連によって分断され、三八度線の南側は米国の影響圏に置かれることになりました。敗戦後米国に占領された日本は一九五二年サンフランシスコ講和条約で米国の支配から脱しましたが、沖縄は相変わらず米国の支配下に置かれたままでした。そして一九七二年五月に、沖縄は「独立」ではなく、日本へ「復帰」しました。さらに「基地なき島」を渇望してきた沖縄の人たちの念願とは異なって、米軍基地はそのまま残りました。沖縄の米軍基地は米国が朝鮮戦争やベトナム戦争を遂行するために、どこよりも重要な前進基地でした。

日本が米国と沖縄の「返還」について協議していた一九六〇年末、韓国、米国、日本の間では沖縄の米軍基地を韓国へ移転しようと話し合いがかなり進んでいました。米軍基地の誘致を積極的に主張していたある国会議員は、韓国政府にとっては防衛力の強化ができるばかりでなく、米国政府は在日米軍基地に対する日本の反対運動の圧力が解消され、日本政府のほうでは

在日米軍基地の撤退を求める国内世論の圧力から逃れることができるので、在沖米軍基地の韓国移転こそが三国の悩みを解決する策だと主張していました。結局、米軍基地は沖縄に残留することになりましたが、沖縄の米軍基地の韓国の済州島への移設案は、韓国と沖縄の運命が不可分の関係にあることを良く示しています。

危険な普天間基地が辺野古へ移るからといって私たちは満足できるでしょうか。分断国家の韓国には各地に米軍基地があります。飛行場がないため飛行機は飛ばないので、あまり目立たないのですが、ソウル市内の真ん中にも米軍基地がありました。その内龍山《ヨンサン》米軍基地は移転しましたが、移転先にはより大きく強化された米軍基地が作られました。また、龍山基地の跡地の活用や環境汚染問題も残っています。

沖縄と韓国はどちらも米軍基地を抱えているからこそ、韓国と沖縄の平和運動に取り組んでいる人たちは一九八〇年代末から今日まで活発な相互交流を続けてきています。さらに、沖縄の人たちが悲惨な沖縄戦の被害とともに、大日本帝国の戦争に参加せざるを得なかった加害の部分も背負って平和へ取り組んでいることも、韓国との連帯において力になっていると思います。

しかし、韓国と沖縄の一般市民がこのような特殊関係を良く理解しているとは言えません。とりわけ多くの韓国人が、沖縄を景色の綺麗な日本の観光地の一つとしか認識していないのはとても残念です。

米国にとって、基地は東アジア政策を物理的に実現するのに肝心な軍事施設です。この米軍基地を大規模に提供している韓国と沖縄は、現在東アジアで進められている大変化に能動的に対処しなければなりません。何より重要な変数は、やはり中国の「崛起《くっき》」、つまりその目覚ましい発展と台頭です。中国の崛起はある意味で当然のことです。中国はアヘン戦争以後の一五〇年あまりの間、屈辱に甘んじていただけで、長い歴史のなかではいつも世界の先進国であり、大国でもありました。少なくとも東アジアにおいて、中国は文字通り天下の中心であって、いつもそびえ立っていました。朝鮮半島に押し寄せている大変化は、北朝鮮のＩＣＢＭを含む核兵器開発の成功と、韓国のキャンドル抗争と民主政権の登場などがもたらした変化です。ですが、大きい枠からすると中国の崛起とそれに対する米国の対応も要因であることを忘れてはいけません。

では、朝鮮半島の平和構築は沖縄にどういう影響を与えるでしょうか。沖縄にとってどういう意味を持つでしょうか。在沖米軍基地にどういう変化をもたらすでしょうか。私たちは何にどう取り組めばいいでしょうか。

この寄附講座の大きなテーマはアジア共同体です。一つ断っておきたいのはヨーロッパとは異なって、なぜアジア、あるいは北東アジアでは共同体の成立ができなかったかということです。それはやはり、戦後日本が植民地支配責任や戦争責任などの問題をちゃんと解決しないままアジアとの関係を回復しようとしてきたからでしょう。

では、これから私たちが作っていくべき新しいアジア共同体とはどういう姿でしょうか。そこに米国はどういう形で参加すべきでしょうか。そして、北朝鮮もその一員として参加できるでしょうか。新しいアジア共同体は安保問題、基地問題にどう取り組むべきでしょうか。

日本で知られているかどうか分かりませんが、金正日と金正恩は朝鮮半島の統一において在日・在韓米軍の撤退は必須条件ではないと言っています。現在のアジアでは米国と中国の対立があって、その上に最大の悪として北朝鮮が存在していると思われがちですが、その北朝鮮と米国が手を結ぼうとしています。次に残るのはやはり米中対立だと思います。だからこそ私は敵を想定しない軍事協力機構・体制が必要だと思います。アジアで敵を想定しない軍事協力機構・体制が作られるならば、大規模な米軍基地の必要性も問われるでしょう。もちろんいきなりすべての基地をなくすことはできなくとも、米軍基地のないアジアについてともに語り合うことを、現実問題として想定することができるようになります。

二〇二〇年代が始まります。実にさまざまな紆余曲折を経てアジアに訪れたこの平和への流れは、ここ沖縄の皆さん、若者たちの世代だけではなく、皆さんの子どもやその次世代の将来にまで影響を与えるでしょう。そのような時代の出発点である二〇二〇年をどう迎えて、いかなる二〇二〇年代を作るべきか、これからもともに模索していきたいと思います。

ありがとうございました。

あとがき

「私は沖縄の若者たちに大いに期待しています」。ヨハン・ガルトゥング博士はお話しの最後にそう添えました。

二〇一八年一二月、今回の寄附講座のハイライトのひとつであった、平和学の生みの親である博士とのテレビ電話を介した対談において、コーディネーターをした私と受講生の皆にスクリーンいっぱいの笑顔で述べられた言葉です。対話のなかで、混沌を極める東アジア情勢で、沖縄が平和構築の拠点として欠かせない、と博士は繰り返し述べておられました。かつて万国津梁の精神によってアジア諸国と交易していた歴史を持つ沖縄です。戦後、「キーストーン・オブ・ザ・パシフィック」と呼ばれ、軍事戦略上の要石とされた沖縄が、アジア平和構築の拠点として生まれ変わる可能性を秘めているという博士の言葉は、私たちへの大きな期待の表明であると同時に、宿題となって残ることにもなりました。「国際的平和の島」を建学の精神に掲げる本学で、私たちは博士の言葉にどう応えていったらいいのか――。やらなければならないことはまだまだたくさんあります。

本書のはしがきでこの連続寄附講座の目標として友利学長が掲げていた二つの問い――アジ

ア共同体創生に向けて沖縄として何ができるか――そして、アジア共同体創生と「国際的平和の島」の接点に万国津梁の精神をいかに注入するか――に読者の皆さんは本書からどれだけのヒントを得ることができたでしょうか。人それぞれだと思いますが、私個人としては、取り組むべき課題がよりクリアになった気がしています。

ガルトゥング博士のみならず、本講座では多彩な講師陣から多くの課題をもらいました。平和と共同体というキーワードを通奏低音とし、まるで変奏曲のように繰り出される多角的視点を通して、沖縄とアジア諸地域の関係性が鮮やかに浮かびあがりました。学生たちにとっては、通常のカリキュラムでは得ることのできない貴重な機会だったと思います。ワンアジア財団、そして呼びかけに応じてご登壇いただき、これらのすぐれた論考を本書へ寄せていただいた講師の皆様には心から感謝いたします。

本講座が書籍として刊行されることは、本学にとってかけがえのない財産となることでしょう。受講した学生のみならず、本書を手に取る若者たちは、課された宿題にこれからどう向き合い、その答えをどう見つけていくのでしょうか。平和とは到達点ではなく、その実現に向けたプロセスです。平和への道標は提示されるものではありません。それは、私たちの絶え間ない努力によってしか描かれないのです。

アジアのいろんな国々にいる人たちがみなひとしく平和への道のりを歩んでいるのだとすれ

ば、本書を本学なりのささやかな道標のひとつとして、皆さんにお届けできたことを幸せに感じています。

新垣　誠

デューサーを経て1999年より沖縄大学教授。『青い眼の琉球往来―ペリー以前とペリー以後―』（芙蓉書房出版）など，著書多数。現在，東アジア共同体研究所，琉球・沖縄センター長。

木村　朗（きむら　あきら）第10章執筆
1989年，九州大学大学院博士課程を単位取得退学。『危機の時代の平和学』（法律文化社），『沖縄から問う東アジア共同体』（編著，花伝社）など，著書多数。専門は，平和学，国際関係論。現在，鹿児島大学教授。東アジア共同体沖縄（琉球）研究会共同代表，日本平和学会理事などを務めている。

新城俊昭（あらしろ　としあき）第11章執筆
1950年，沖縄・本部町で生まれる。1974年，立正大学を卒業。専門は，史学。『教養講座　琉球・沖縄史』（東洋企画），『沖縄から見える歴史風景』（東洋企画），『2045年のあなたへ―私たちは沖縄戦から何を学んだのか―』（沖縄時事出版）など，著書多数。現在，沖縄大学客員教授。

鳩山由紀夫（はとやま　ゆきお）第12章執筆
1947年，東京で生まれる。東京大学工学部計数工学科卒業，スタンフォード大学工学部博士課程修了。1986年，衆議院議員選挙で初当選。2009年，民主党代表に就任。同年，第93代内閣総理大臣に就任。2013年，一般財団法人東アジア共同体研究所を設立，理事長に就任。

韓　洪九（Han Hong-goo）第13章執筆
1999年，米国のワシントン大学より博士号を取得。『韓国とはどういう国か』（平凡社），『倒れゆく韓国』（朝日新聞出版），『韓国・独裁のための時代』（共著，彩流社）など，著書多数。現在，韓国の聖公会大学教授。

門は，環境民族学，日中関係，沖縄問題。現在，沖縄大学教授。

林　泉忠（Lim John Chuan-Tion）第 4 章執筆
2002 年，東京大学大学院より博士号を取得。2002 年～2012 年，琉球大学准教授, 2008 年～2010 年，米国ハーバード大学フェアバンク中国研究センター・フルブライト学者, 2012 年～2018 年，台湾中央研究院副研究員。研究領域は，中国，台湾，香港，日本，沖縄をめぐる東アジアの国際関係。おもな著作に『「辺境東アジア」のアイデンティティ・ポリティクス』（明石書店），などがある。現在，中国武漢大学教授。

比嘉正茂（ひが　まさしげ）第 5 章執筆
2005 年，明治大学大学院より博士号を取得。専門は，公共政策，地域政策。「地方自治体における図書館事業の効率性評価」（『地方自治研究』），「観光ビジネスにおける地域ブランドの戦略と効果」（『地域デザイン』）など，数多くの論考を発表。現在，沖縄国際大学教授。

平良　修（たいら　おさむ）第 6 章執筆
1931 年，沖縄・宮古島生まれ。1959 年，東京神学大学大学院より修士号を取得。1965 年，米国ジョージ・ピーボディ教育大学に留学。1966 年，沖縄キリスト教短期大学学長に就任し。現在，日本基督教団牧師。

大城　実（おおしろ　みのる）第 7 章執筆
1934 年，ミクロネシア共和国トラック島で生まれる。1945 年，沖縄戦で左足を失う。1960 年ハワイ大学卒業後，ドルー神学大学院に入学。1979～1991 年，沖縄キリスト教短期大学学長。2010 年沖縄キリスト教平和研究所所長に就任。2019 年 9 月，死去。

緒方　修（おがた　おさむ）第 8 章執筆
1946 年，熊本で生まれ。1968 年，中央大学を卒業。文化放送プロ

著者紹介

【編著者】

友利　廣（ともり　ひろし）第9章執筆

1948年，旧・平良市（現・宮古島市）生まれ。1981年，筑波大学大学院経営・政策科学研究科修了（経済学修士）。専門は開発経済論，比較島嶼経済論。小島嶼国の経済発展に関する比較研究，小規模経済と自立経済の産業連関分析を通し，国際的平和の島・沖縄の経済発展の可能性を示唆している。2016年，沖縄キリスト教学院大学学長に就任し，現在に至る。

【著者】

新垣　誠（あらかき　まこと）第1章執筆

1992年，米国カリフォルニア大学大学院ロサンゼルス校より修士号を取得。専門分野は，沖縄アイデンティティ，グローバリゼーション，国際協力，ジェンダー論など，沖縄の海外離散共同体とエスニックネットワークの研究に取り組んでいる。共著に *Romancing the Occupation*（Cambridge Scholars Publication）などがある。現在，沖縄キリスト教学院大学教授，沖縄キリスト教学院大学大学院教授。

宮城大蔵（みやぎ　たいぞう）第2章執筆

2001年，一橋大学大学院より博士号を取得。おもな著作に『増補 海洋国家日本の戦後史』（ちくま学芸文庫），『戦後アジア秩序の模索と日本』（創文社，サントリー学芸賞受賞）がある。研究分野は，戦後のアジア国際政治，日本外交。現在，上智大学教授。

劉　剛（Liu Gang）第3章執筆

1998年，中国の雲南大学大学院より博士号を取得。『発展的選択』（雲南民族出版社），『文明と遺伝』（共著，勉誠社），『雲南景頗族（カチン族）文化史』（雲南民族出版社）など，著書・論考多数。専

沖縄　平和への道標

■発　行――2020年３月25日初版第１刷

■編著者――友利　廣

■著　者――新垣　誠／新城俊昭／大城　実／緒方　修／
木村　朗／平良　修／鳩山由紀夫／韓　洪九／
比嘉正茂／宮城大蔵／劉　剛／林　泉忠

■発行者――中山元春

■発行所――株式会社芦書房

〒101－0048東京都千代田区神田司町２－５
電話03－3293－0556　FAX03－3293－0557
http://www.ashi.co.jp

■印　刷――モリモト印刷

■製　本――モリモト印刷

ISBN978-4-7556-1308-1 C0031